열여섯 시간에 완성하는 중학 영어 단기 특강

열중16강

독해+문법
LEVEL 3

열중 16강
독해+문법 LEVEL 3

지은이 NE능률 영어교육연구소
선임 연구원 김지현
연구원 이지연 허인혜 이희진
영문 교열 Nathaniel Galletta August Niederhaus
디자인 박정진 김연주
내지 일러스트 문지현 박광명 놈스
내지 사진 www.shutterstock.com
맥편집 김선희
영업 한기영 이경구 박인규 정철교 김남준 김남형 이우현
마케팅 박혜선 고유진 김여진

NE능률이 미래를 그립니다.
교육에 대한 큰 꿈을 품고 시작한 NE능률
처음 품었던 그 꿈을 잊지 않고 40년이 넘는 시간 동안 한 길만을 걸어왔습니다.
이제 NE능률이 앞으로 나아가야 할 길을 그려봅니다.
'평범한 열 개의 제품보다 하나의 탁월한 제품'이라는
변치 않는 철학을 바탕으로 진정한 배움의 가치를 알리는
NE능률이 교육의 미래를 열어가겠습니다.

Learn from yesterday,
live for today, hope for tomorrow.

어제를 배우고 오늘을 살며 내일을 꿈꾸라.

Albert Einstein

이 책의 목차

Chapter 4 ··· 문장의 연결

Chapter 5 ··· 중요구문

구성과 특징

1
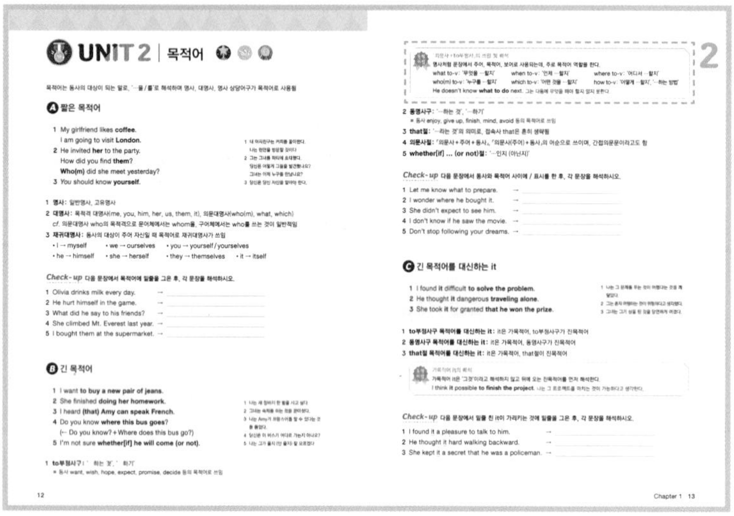

3
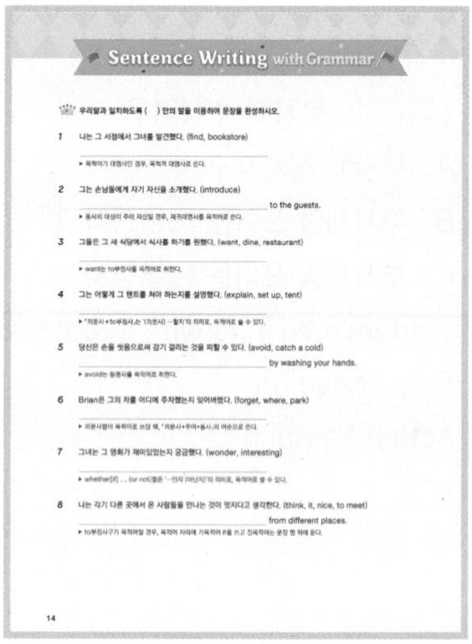

1 문법 설명

중학교 과정에서 배워야 할 핵심 문법을 체계적으로 분석하여 한 눈에 볼 수 있게 정리하였습니다.

2 독해 비법

해당 문법 포인트와 관련하여 독해에 실질적으로 도움이 되는 내용을 학습할 수 있습니다.

3 Sentence Writing with Grammar

학습한 문법을 활용하여 문장을 직접 써 보는 활동을 구성하였습니다.

4

5
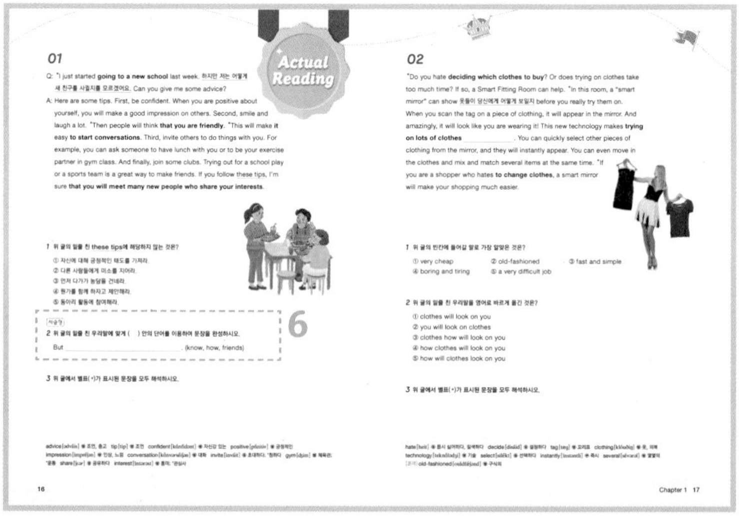

4 Basic Reading

짧고 쉬운 지문을 통해, 학습한 문법을 독해에 적용해 볼 수 있고, 장문 독해에 대비할 수 있습니다.

5 Actual Reading

보다 길고 어려운 지문을 통해, 앞서 배운 문법을 다시 한번 익힐 수 있고, 독해 실력을 한층 더 높일 수 있습니다.

6 서술형 문제

내신 비중이 높은 서술형 주관식 문제로 실전 감각을 기를 수 있습니다.

Special Thanks to 열중16강 독해+문법 개발에 참여해주신 선생님들입니다.

강군필 마포푸른솔학원 **강선** 인천연성중학교 **강은희** 국제어학당 **권이정** M&S사관학원 **김광민** 비전 SnD 학원 **김명희** 스쿨카스어학원 **김민혜** 상도중학교 **김봉수** SM English 어학원 **김수연** 원당중학교 **김용진** 바른어학원 **김지수** 정상어학원 **김혜영** 에듀원영어학원 **명가은** 명가은어학원 **박혜영** 인천동방중학교 **송선미** 신방학중학교 **신규숙** EM&트로이카학원 **양세일** 양세일영어학원 **양용식** 숭의여자중학교 **오인아** 보스톤어학원 **윤석진** 윤석진어학원 **이정욱** 이은재어학원 **이채민** 정현영어학원 **전성훈** 훈선생영어학원 **정창용** 엑소더스어학원 **주세정** 천호중학교 **최호준** 현대캠프입시학원 **편영우** SCL영어학원 **한나경** 원힐영수전문학원 **한승표** English Expert 영어전문학원

Chapter 1

문장의 주성분 이해

UNIT 1 | 주어

주어는 문장의 주체가 되는 말로, '…은/는/이/가'로 해석하며 명사, 대명사, 명사 상당어구가 주어로 사용됨

A 짧은 주어

1 **The movie** is very interesting.
James is a very popular boy.
2 **She** likes to listen to pop music.
Where did **you** go last night?
Who opened the window?

1 그 영화는 매우 재미있다.
James는 아주 인기 있는 소년이다.
2 그녀는 대중 음악을 듣는 것을 좋아한다.
당신은 어젯밤에 어디에 갔었나요?
누가 창문을 열었나요?

1 **명사:** 일반명사, 고유명사
2 **대명사:** 주격 대명사(I, you, he, she, we, they, it), 의문대명사(who, what, which)

독해 비법
「the+형용사」의 해석
「the+형용사」는 복수보통명사로 취급하여 주어로 쓰일 수 있으며, '…인 사람들'로 해석한다.
The young love fashionable clothes. 젊은 사람들은 유행하는 옷을 좋아한다.
The rich sent money and food to poor children. 부자들이 가난한 어린이들에게 돈과 음식을 보냈다.

Check-up **다음 문장에서 주어에 밑줄을 그은 후, 각 문장을 해석하시오.**

1 How did Jenny know that? → ____________________
2 Can you answer my question? → ____________________
3 He goes jogging every morning. → ____________________
4 The old are wiser than the young. → ____________________
5 Baseball is one of my favorite sports. → ____________________

B 긴 주어

1 **A large number of people** come here.
The boy in the picture is my brother.
The movie that I saw yesterday was boring.
The girl wearing the red cap asked a question.
2 **To travel all over the world** is my dream.
3 **Hiking in the mountains** made him hungry.
4 **Where they will go** is written on the list.

1 수많은 사람들이 이곳에 온다.
사진 속의 소년이 내 남동생이다.
내가 어제 본 영화는 지루했다.
빨간 모자를 쓰고 있는 소녀가 질문을 했다.
2 전 세계를 여행하는 것이 내 꿈이다.
3 산을 하이킹하는 것은 그를 배고프게 만들었다.
4 그들이 어디로 갈지는 목록에 적혀 있다.

1 **수식어가 있는 경우:** 전치사구, 관계사절, 분사구 등의 수식어가 주어를 길게 함

2 **to부정사구:** '…하는 것', '…하기'

※ 주어로 쓰인 to부정사는 문장의 맨 앞에 잘 쓰이지 않음

3 **동명사구:** '…하는 것', '…하기'

4 **의문사절:** 「의문사 + 주어 + 동사」, 「의문사(주어) + 동사」

> 독해 비법
> **to부정사구, 동명사구, 의문사절 주어의 수 일치**
> 주어로 쓰인 to부정사구, 동명사구, 의문사절은 단수로 취급하므로, 뒤에 단수 동사가 와야 한다.
> **To deliver newspapers** *is* a hard job for me. 신문을 배달하는 것은 내게 힘든 일이다.
> **Meeting a lot of people** *gives* me energy. 많은 사람을 만나는 일은 내게 기운을 준다.
> **Whom you heard it from** *was* the problem. 당신이 누구에게 그것을 들었는지가 문제였다.

Check-up 다음 문장에서 주어와 동사 사이에 / 표시를 한 후, 각 문장을 해석하시오.

1 Why he did it was not clear. → ____________________

2 To eat late at night is a bad idea. → ____________________

3 All the windows in the room are open. → ____________________

4 Shopping online has many good points. → ____________________

C 긴 주어를 대신하는 it

1 **It** is impossible **to finish the job today.**

2 **It** isn't easy **learning a new language.**

3 **It** was surprising **that he won the contest.**

1 그 일을 오늘 끝내는 것은 불가능하다.
2 새로운 언어를 배우는 것은 쉽지 않다.
3 그가 우승을 했다는 것은 놀라웠다.

1 **to부정사구 주어를 대신하는 it:** it은 가주어, to부정사구가 진주어
(← **To finish the job today** is impossible.)

2 **동명사구 주어를 대신하는 it:** it은 가주어, 동명사구가 진주어
(← **Learning a new language** isn't easy.)

3 **that절 주어를 대신하는 it:** it은 가주어, that절이 진주어
(← **That he won the contest** was surprising.)

> 독해 비법
> **가주어 it의 해석**
> 가주어 it은 '그것'이라고 해석하지 않으며, 뒤에 오는 진주어를 먼저 해석한다.
> **It** is dangerous **to drive when you are sleepy.** 당신이 졸릴 때 운전하는 것은 위험하다.

Check-up 다음 문장을 가주어 it으로 시작하는 문장으로 바꿔 쓰시오.

1 To talk to Oliver is interesting. → ____________________

2 Walking to school every day is tiring. → ____________________

3 That she failed the test was disappointing. → ____________________

Sentence Writing with Grammar

우리말과 일치하도록 ( ) 안의 말을 이용하여 문장을 완성하시오.

1 그는 나의 가장 친한 친구이다. (best friend)

____

▶ 대명사가 주어인 경우, 주격 대명사로 쓴다.

2 가난한 사람들이 서로 돕고 있다. (poor, help each other)

____

▶ 「the + 형용사」는 복수보통명사로 쓰이며, '…인 사람들'의 의미를 나타낸다.

3 저 책상 위에 있는 그 빨간 모자는 내 것이다. (cap, desk, mine)

____

▶ 전치사구가 주어를 길게 할 수 있다.

4 내가 오늘 아침에 먹은 그 음식은 맛있었다. (food, eat, this morning, delicious)

____

▶ 관계사절이 명사인 주어 뒤에 붙어 주어를 길게 할 수 있다.

5 에베레스트 산을 오르는 것은 그의 목표이다. (climb, Mt. Everest, goal)

To ______________________________.

▶ to부정사는 주어로 쓰일 수 있으며, '…하는 것' 또는 '…하기'의 의미를 나타낸다.

6 내 친구들과 액션 영화를 보는 것은 재미있다. (action movies, friends, fun)

Watching ______________________________.

▶ 동명사는 주어로 쓰일 수 있으며, '…하는 것' 또는 '…하기'의 의미를 나타낸다.

7 새 컴퓨터를 사는 것은 비용이 많이 든다. (cost, a lot, to buy, computer)

It ______________________________.

▶ to부정사구가 주어일 경우, 주어 자리에 가주어 it을 쓰고 진주어를 뒤로 보낼 수 있다.

8 그 개가 죽은 것은 나를 슬프게 만들었다. (make, sad, that, the dog, die)

It ______________________________.

▶ that절이 주어일 경우, 주어 자리에 가주어 it을 쓰고 진주어를 뒤로 보낼 수 있다.

A

Most people go to the bookstore to buy books, but some people go to El Ateneo to see the bookstore itself. It used to be an opera theater. It became a bookstore in 2000. Visit it today will give you great pleasure. There are **shelves with many books** on beautiful balconies. You can stop and rest at a cozy café on the stage. Every year, **millions of tourists around the world** visit El Ateneo!

A
• to부정사구/동명사구 주어
• 수식어구가 있는 긴 주어

opera theater 오페라 극장
pleasure [pléʒər] 명 기쁨, 즐거움
shelf [ʃelf] 명 선반; *책꽂이
rest [rest] 동 쉬다, 휴식을 취하다
cozy [kóuzi] 형 아늑한

1 El Ateneo에 대한 설명으로 위 글의 내용과 일치하지 않는 것은?

① 20세기에는 오페라 극장으로 사용되었다.
② 2000년에 도서관으로 탈바꿈했다.
③ 발코니에는 많은 책이 꽂힌 책장이 있다.
④ 편안하게 쉴 수 있는 카페가 있다.
⑤ 전 세계 관광객들이 이곳을 방문한다.

2 위 글의 밑줄 친 동사 Visit를 알맞은 형태로 쓰시오.

____

B

왼손의 네 번째 손가락에 결혼반지를 끼는 것은 흔한 일이다. This custom goes back to ancient Egypt. The Egyptians thought that a vein ran from that finger directly to the heart. They believed that **placing a ring on that finger** showed a person's love and loyalty. The tradition continues to this day, and people still wear their wedding ring on the same finger.

*vein 정맥

B
• 가주어, 진주어
• 동명사구 주어

custom [kʌ́stəm] 명 관습, 풍습
ancient [éinʃənt] 형 고대의
directly [diréktli] 부 곧장, 똑바로
place [pleis] 동 놓다, 두다
loyalty [lɔ́iəlti] 명 충성심
tradition [trədíʃn] 명 전통
continue [kəntínjuː] 동 계속되다

서술형

1 위 글의 밑줄 친 우리말에 맞게 (   ) 안의 단어를 바르게 배열하여 문장을 완성하시오.

______________________________ on the fourth finger of the left hand.
(to wear / is / common / it / wedding rings)

01

You probably know what a babysitter is. But have you heard of a pet sitter? Like babysitters, pet sitters visit your home to look after someone else. The difference is that they care for pets! Most people use pet sitters while they are on vacation. *__It__ isn't easy **to take your pets with you on vacation**. It is true that some places let you bring your pets. ① But most of the time, you are not allowed to do that. ② You can't leave your pets alone in the house, either. ③ They need to be fed or given water every day. ④ If they are alone at home, they can enjoy their freedom. ⑤ *So **hiring a pet sitter** can be the best option. Your pets can stay home safely, and you can enjoy your vacation.

1 위 글의 ①~⑤ 문장 중 글의 흐름과 관계가 없는 것은?

① ② ③ ④ ⑤

2 위 글의 밑줄 친 It과 그 쓰임이 같은 것은?

① Is it your car in the garage?
② It was the worst day of my life.
③ It would be hard to arrive on time.
④ Can I borrow your book? It looks interesting.
⑤ The weather forecast says that it will rain tomorrow.

3 위 글에서 별표(*)가 표시된 문장을 모두 해석하시오.

babysitter [béibisitər] ⑲ 아이를 봐 주는 사람 look after …을 돌보다 difference [dífərəns] ⑲ 차이, 다름 care for …을 돌보다 vacation [vəkéiʃn] ⑲ 방학; *휴가 bring [briŋ] ⑧ 가져오다, 데려오다 allow [əláu] ⑧ 허락하다, 용납하다 feed [fi:d] ⑧ 밥을 먹이다, 먹이를 주다 (feed-fed-fed) freedom [frí:dəm] ⑲ 자유 hire [háiər] ⑧ 빌리다; *고용하다 option [ɑ́:pʃən] ⑲ 선택

02

Shoppers like low prices. However, some items ① are more loved when their prices are higher. This is the Veblen effect. ***Products that cause the effect** are usually luxury items such as jewelry and expensive cars. If the price of these items ② go down, consumers may think their quality is low. In contrast, if the price goes up, they think the opposite. But how the effect appears ③ is different from country to country. In the U.S., for example, a Mercedes is a luxury car. Americans will ④ pay a lot of money for one. However, it is a common car in Germany. ***It** is certain **that German people won't pay as much as Americans will**. Now that you know about this effect, don't be fooled by high prices. Some companies ⑤ are using this effect in their marketing!

1 위 글의 밑줄 친 the opposite이 의미하는 바로 가장 알맞은 것은?

① 품질이 훌륭하다.
② 품질은 나쁠 수 있다.
③ 저렴한 것이 경제적이다.
④ 품질과 가격은 관계가 없다.
⑤ 가격보다는 품질을 더 중요시해야 한다.

2 위 글의 밑줄 친 ①~⑤ 중 어법상 틀린 것은?

① ② ③ ④ ⑤

3 위 글에서 별표(*)가 표시된 문장을 모두 해석하시오.

price [prais] ⓜ 값, 가격 effect [ifékt] ⓜ 영향; *효과 product [prádəkt] ⓜ 상품, 제품 luxury [lʌ́kʃəri] ⓜ 사치(품)
jewelry [dʒúːəlri] ⓜ 보석류 consumer [kənsúːmər] ⓜ 소비자 quality [kwáləti] ⓜ 품질 opposite [ápəzit] ⓜ 반대
appear [əpíər] ⓢ 나타나다, 발생하다 certain [sə́ːrtn] ⓗ 확실한, 틀림없는 now that …이므로, …이기 때문에 fool [fuːl] ⓢ 속이다

UNIT 2 | 목적어

목적어는 동사의 대상이 되는 말로, '…을/를'로 해석하며 명사, 대명사, 명사 상당어구가 목적어로 사용됨

A 짧은 목적어

1 My girlfriend likes **coffee.**
I am going to visit **London.**
2 He invited **her** to the party.
How did you find **them**?
Who(m) did she meet yesterday?
3 *You* should know **yourself.**

1 내 여자친구는 커피를 좋아한다.
나는 런던을 방문할 것이다.
2 그는 그녀를 파티에 초대했다.
당신은 어떻게 그들을 발견했나요?
그녀는 어제 누구를 만났나요?
3 당신은 당신 자신을 알아야 한다.

1 **명사:** 일반명사, 고유명사
2 **대명사:** 목적격 대명사(me, you, him, her, us, them, it), 의문대명사(who(m), what, which)
cf. 의문대명사 who의 목적격으로 문어체에서는 whom을, 구어체에서는 who를 쓰는 것이 일반적임
3 **재귀대명사:** 동사의 대상이 주어 자신일 때 목적어로 재귀대명사가 쓰임
• I → myself • we → ourselves • you → yourself / yourselves
• he → himself • she → herself • they → themselves • it → itself

Check-up 다음 문장에서 목적어에 밑줄을 그은 후, 각 문장을 해석하시오.

1 Olivia drinks milk every day. → ____________________
2 He hurt himself in the game. → ____________________
3 What did he say to his friends? → ____________________
4 She climbed Mt. Everest last year. → ____________________
5 I bought them at the supermarket. → ____________________

B 긴 목적어

1 I want **to buy a new pair of jeans.**
2 She finished **doing her homework.**
3 I heard **(that) Amy can speak French.**
4 Do you know **where this bus goes**?
(← Do you know? + Where does this bus go?)
5 I'm not sure **whether[if] he will come (or not).**

1 나는 새 청바지 한 벌을 사고 싶다.
2 그녀는 숙제를 하는 것을 끝마쳤다.
3 나는 Amy가 프랑스어를 할 수 있다는 것을 들었다.
4 당신은 이 버스가 어디로 가는지 아나요?
5 나는 그가 올지 (안 올지) 잘 모르겠다.

1 **to부정사구:** '…하는 것', '…하기'
※ 동사 want, wish, hope, expect, promise, decide 등의 목적어로 쓰임

독해 비법

「의문사+to부정사」의 쓰임 및 해석

명사처럼 문장에서 주어, 목적어, 보어로 사용되는데, 주로 목적어 역할을 한다.

what to-v: '무엇을 …할지' when to-v: '언제 …할지' where to-v: '어디서 …할지'

who(m) to-v: '누구를 …할지' which to-v: '어떤 것을 …할지' how to-v: '어떻게 …할지', '…하는 방법'

He doesn't know **what to do** next. 그는 다음에 무엇을 해야 할지 알지 못한다.

2 **동명사구:** '…하는 것', '…하기'

※ 동사 enjoy, give up, finish, mind, avoid 등의 목적어로 쓰임

3 **that절:** '…라는 것'의 의미로, 접속사 that은 흔히 생략됨

4 **의문사절:** 「의문사+주어+동사」, 「의문사(주어)+동사」의 어순으로 쓰이며, 간접의문문이라고도 함

5 **whether[if] … (or not)절:** '…인지 (아닌지)'

Check-up 다음 문장에서 동사와 목적어 사이에 / 표시를 한 후, 각 문장을 해석하시오.

1 Let me know what to prepare. → ______________________

2 I wonder where he bought it. → ______________________

3 She didn't expect to see him. → ______________________

4 I don't know if he saw the movie. → ______________________

5 Don't stop following your dreams. → ______________________

C 긴 목적어를 대신하는 it

1 I found **it** difficult **to solve the problem.**

2 He thought **it** dangerous **traveling alone.**

3 She took **it** for granted **that he won the prize.**

1 나는 그 문제를 푸는 것이 어렵다는 것을 깨달았다.

2 그는 혼자 여행하는 것이 위험하다고 생각했다.

3 그녀는 그가 상을 탄 것을 당연하게 여겼다.

1 **to부정사구 목적어를 대신하는 it:** it은 가목적어, to부정사구가 진목적어

2 **동명사구 목적어를 대신하는 it:** it은 가목적어, 동명사구가 진목적어

3 **that절 목적어를 대신하는 it:** it은 가목적어, that절이 진목적어

독해 비법

가목적어 it의 해석

가목적어 it은 '그것'이라고 해석하지 않고 뒤에 오는 진목적어를 먼저 해석한다.

I think **it** possible **to finish the project.** 나는 그 프로젝트를 마치는 것이 가능하다고 생각한다.

Check-up 다음 문장에서 밑줄 친 it이 가리키는 것에 밑줄을 그은 후, 각 문장을 해석하시오.

1 I found it a pleasure to talk to him. → ______________________

2 He thought it hard walking backward. → ______________________

3 She kept it a secret that he was a policeman. → ______________________

Sentence Writing with Grammar

우리말과 일치하도록 (   ) 안의 말을 이용하여 문장을 완성하시오.

1 나는 그 서점에서 그녀를 발견했다. (find, bookstore)

____

▶ 목적어가 대명사인 경우, 목적격 대명사로 쓴다.

2 그는 손님들에게 자기 자신을 소개했다. (introduce)

______________________________ to the guests.

▶ 동사의 대상이 주어 자신일 경우, 재귀대명사를 목적어로 쓴다.

3 그들은 그 새 식당에서 식사를 하기를 원했다. (want, dine, restaurant)

____

▶ want는 to부정사를 목적어로 취한다.

4 그는 어떻게 그 텐트를 쳐야 하는지를 설명했다. (explain, set up, tent)

____

▶ 「의문사+to부정사」는 '(의문사) …할지'의 의미로, 목적어로 쓸 수 있다.

5 당신은 손을 씻음으로써 감기 걸리는 것을 피할 수 있다. (avoid, catch a cold)

______________________________ by washing your hands.

▶ avoid는 동명사를 목적어로 취한다.

6 Brian은 그의 차를 어디에 주차했는지 잊어버렸다. (forget, where, park)

____

▶ 의문사절이 목적어로 쓰일 때, 「의문사+주어+동사」의 어순으로 쓴다.

7 그녀는 그 영화가 재미있었는지 궁금했다. (wonder, interesting)

____

▶ whether[if] … (or not)절은 '…인지 (아닌지)'의 의미로, 목적어로 쓸 수 있다.

8 나는 각기 다른 곳에서 온 사람들을 만나는 것이 멋지다고 생각한다. (think, it, nice, to meet)

______________________________ from different places.

▶ to부정사구가 목적어일 경우, 목적어 자리에 가목적어 it을 쓰고 진목적어는 문장 맨 뒤에 둔다.

A

Why do you cry when you cut an onion? Onions contain a type of oil with lots of sulfur. When you cut an onion, this oil is released and becomes a gas. This gas rises through the air and hurts your eyes. When you feel this pain, you start **to cry**. Your tears help wash away the gas from your eyes. If you want <u>cut</u> onions without the tears, cut them under water. The water will wash away the oil before it can hurt your eyes.

*sulfur (유)황

A
to부정사구 목적어

contain[kəntéin] 동 …이 함유되어 있다
release[rilí:s] 동 방출하다
pain[pein] 명 고통

1 위 글의 내용과 일치하지 <u>않는</u> 것은?

① 양파의 오일은 황을 함유하고 있다.
② 양파를 썰면 오일이 발산된다.
③ 양파의 가스는 눈을 아프게 한다.
④ 눈물은 눈을 아프게 하는 가스를 씻어낸다.
⑤ 양파의 물기를 닦고 썰면 눈물이 나지 않는다.

2 위 글의 밑줄 친 동사 <u>cut</u>을 알맞은 형태로 쓰시오.

____

B

How can you tell (<u>you / if / a good sense of smell / have</u>)? We often think **that bigger noses are better for smelling**. However, the important thing is nostril size. Nostril size also affects a person's tasting ability. Your tongue can taste **whether food is bitter, sweet, salty, or sour**. But most of a food's flavor comes from its smell. So, big nostrils are very useful!

*nostril 콧구멍

B
• that절 목적어
• whether[if]절 목적어

tell[tel] 동 말하다; *판단하다
sense[sens] 명 감각
affect[əfékt] 동 영향을 미치다
taste[teist] 동 맛을 느끼다
ability[əbíləti] 명 능력
tongue[tʌŋ] 명 혀
bitter[bítər] 형 (맛이) 쓴
sour[sauər] 형 (맛이) 시큼한, 신
flavor[fléivər] 명 풍미, 맛
useful[jú:sfəl] 형 유용한

서술형

1 위 글의 (   ) 안에 주어진 단어를 바르게 배열하시오.

____

01

Q: *I just started **going to a new school** last week. 하지만 저는 어떻게 새 친구를 사귈지를 모르겠어요. Can you give me some advice?

A: Here are some tips. First, be confident. When you are positive about yourself, you will make a good impression on others. Second, smile and laugh a lot. *Then people will think **that you are friendly**. *This will make **it** easy **to start conversations**. Third, invite others to do things with you. For example, you can ask someone to have lunch with you or to be your exercise partner in gym class. And finally, join some clubs. Trying out for a school play or a sports team is a great way to make friends. If you follow these tips, I'm sure **that you will meet many new people who share your interests**.

1 위 글의 밑줄 친 these tips에 해당하지 않는 것은?

① 자신에 대해 긍정적인 태도를 가져라.
② 다른 사람들에게 미소를 지어라.
③ 먼저 다가가 농담을 건네라.
④ 뭔가를 함께 하자고 제안해라.
⑤ 동아리 활동에 참여해라.

서술형

2 위 글의 밑줄 친 우리말에 맞게 (　) 안의 단어를 이용하여 문장을 완성하시오.

But ______________________________. (know, how, friends)

3 위 글에서 별표(*)가 표시된 문장을 모두 해석하시오.

advice [ədváis] 명 조언, 충고　tip [tip] 명 조언　confident [kɑ́nfidənt] 형 자신감 있는　positive [pɑ́zitiv] 형 긍정적인　impression [impréʃən] 명 인상, 느낌　conversation [kɑ̀nvərséiʃən] 명 대화　invite [inváit] 동 초대하다; *청하다　gym [dʒim] 명 체육관; *운동　share [ʃɛər] 동 공유하다　interest [íntərəst] 명 흥미; *관심사

02

*Do you hate **deciding which clothes to buy**? Or does trying on clothes take too much time? If so, a Smart Fitting Room can help. *In this room, a "smart mirror" can show <u>옷들이 당신에게 어떻게 보일지</u> before you really try them on. When you scan the tag on a piece of clothing, it will appear in the mirror. And amazingly, it will look like you are wearing it! This new technology makes **trying on lots of clothes** ____________. You can quickly select other pieces of clothing from the mirror, and they will instantly appear. You can even move in the clothes and mix and match several items at the same time. *If you are a shopper who hates **to change clothes**, a smart mirror will make your shopping much easier.

1 위 글의 빈칸에 들어갈 말로 가장 알맞은 것은?

① very cheap ② old-fashioned ③ fast and simple
④ boring and tiring ⑤ a very difficult job

2 위 글의 밑줄 친 우리말을 영어로 바르게 옮긴 것은?

① clothes will look on you
② you will look on clothes
③ clothes how will look on you
④ how clothes will look on you
⑤ how will clothes look on you

3 위 글에서 별표(*)가 표시된 문장을 모두 해석하시오.

hate [heit] (동) 몹시 싫어하다, 질색하다 decide [disáid] (동) 결정하다 tag [tæg] (명) 꼬리표 clothing [klóuðiŋ] (명) 옷, 의복
technology [teknɑ́lədʒi] (명) 기술 select [silékt] (동) 선택하다 instantly [ínstəntli] (부) 즉시 several [sévərəl] (형) 몇몇의
[문제] old-fashioned [ouldfǽʃənd] (형) 구식의

UNIT 3 | 보어

보어는 문장에서 주어와 목적어를 보충 설명하는 역할을 함

A 주격보어

1 Michael became **an actor**.
The winner was **Adam**.
2 She is **happy** when she dances.
3 My dream is **to be a movie director**.
His solution was **asking them for help**.
4 1) The trouble is **that I don't have much money**.
2) The question is **when she will arrive**.
5 1) Nancy stood **singing** on the stage.
2) We returned **tired** from the trip.

1 Michael은 배우가 되었다.
우승자는 Adam이었다.
2 그녀는 춤출 때 행복하다.
3 내 꿈은 영화 감독이 되는 것이다.
그의 해결책은 그들에게 도움을 청하는 것이었다.
4 1) 문제는 내게 돈이 많지 않다는 것이다.
2) 문제는 그녀가 언제 도착할 것인가이다.
5 1) Nancy는 무대 위에서 노래를 부르며 서 있었다.
2) 우리는 여행에서 피곤해진 채 돌아왔다.

1 **명사:** 주어와 동일한 사람이나 사물
2 **형용사:** 주어의 상태나 성질을 설명함

> 독해 비법
> 「감각동사+형용사」의 쓰임과 해석
> 감각동사 look/smell/taste/sound/feel 뒤에 형용사 보어가 오면, '…하게 보이다/…한 냄새가 나다/…한 맛이 나다/…하게 들린다/…하게 느끼다'라고 해석한다.
> The girl **looked** very **pretty**. 그 소녀는 매우 예쁘게 보였다.
> This sweater **feels soft** and **warm**. 이 스웨터는 부드럽고 따뜻하게 느껴진다.

3 **to부정사구, 동명사구:** '…하는 것', '…하기'의 의미로, 주어의 내용을 보충 설명함
4 **that절, 의문사절:** 주어의 내용을 보충 설명함
1) that절: '…라는 것' 2) 의문사절: 「의문사+주어+동사」
5 **분사:** 주어의 상태나 동작을 설명함
1) 현재분사: '…하면서' (능동) 2) 과거분사: '…되어', '…된' (수동)

Check-up 다음 문장에서 주격보어에 밑줄을 그은 후, 각 문장을 해석하시오.

1 Tony and I became friends. → ______
2 This book is really interesting. → ______
3 The best choice is to stay home. → ______
4 The fact is that the answer is wrong. → ______
5 He lay in bed listening to music. → ______

B 목적격보어

「주어+동사+목적어+목적격보어」의 5형식 문장에 쓰이며, 동사에 따라 다양한 형태가 됨

1 1) They *called* her **Snow White.**
  2) The movie *made* Jennifer very **sad.**
2 My parents *want* me **to be a scientist.**
3 1) She *had* her son **clean** his bedroom.
  2) Kate *heard* somebody **play** the piano.
4 1) I *saw* Amy **waving** at me.
  2) She *kept* him **waiting** for 30 minutes.
5 1) I *want* the job **done** today.
  2) She *got* her hair **dyed** brown.
  3) Jamie *left* the door **unlocked.**

1 1) 그들은 그녀를 백설공주라고 불렀다.
  2) 그 영화는 Jennifer를 매우 슬프게 했다.
2 부모님께서는 내가 과학자가 되기를 바라신다.
3 1) 그녀는 아들에게 그의 침실을 청소시켰다.
  2) Kate는 누군가 피아노를 연주하는 것을 들었다.
4 1) 나는 Amy가 내게 손을 흔들고 있는 것을 보았다.
  2) 그녀는 그를 30분 동안 기다리게 했다.
5 1) 나는 그 일이 오늘 완료되기를 원한다.
  2) 그녀는 머리를 갈색으로 염색했다.
  3) Jamie는 문을 잠그지 않은 채로 두었다.

1 **명사, 형용사:** 목적어의 호칭(명사), 상태나 성질(형용사) 등을 설명함
  1) 호칭을 나타내는 동사: call((목적어를) …라고 부르다), name((목적어를) …라고 이름 짓다) 등
  2) 상태를 나타내는 동사: make, get, turn((목적어를) …되게 하다), keep((목적어를) …하게 유지하다), leave((목적어를) …하게 두다), find((목적어가) …라는 것을 알다) 등
2 **to부정사구:** '(목적어가) …하기를 ~하다'
  • want, wish, like, tell, order, ask, expect, cause, allow, encourage 등의 동사
3 **동사원형:** 사역동사((목적어가) …하게 하다)와 지각동사((목적어가) …하는 것을 ~하다)의 목적격 보어
  1) 사역동사: let, have, make 등   2) 지각동사: see, watch, hear, feel, smell 등

> 독해 비법
> **사역동사 get과 help의 목적격보어**
> get은 '…하게 하다'라는 사역동사의 의미를 갖지만 목적격보어로 to부정사를 쓴다.
> Diana **got** him **to finish** the cake. Diana는 그가 케이크를 마저 먹게 했다.
> help는 '…하는 것을 돕다'의 의미로, 목적격보어로 동사원형과 to부정사를 모두 쓸 수 있다.
> Jeremy **helped** his father **(to) wash** the car. Jeremy는 아빠가 세차하는 것을 도와주었다.

4 **현재분사:** 목적어와 보어가 능동의 관계일 때 쓰며, 어떤 동작이 진행 중임을 나타냄
  1) 지각동사: '(목적어가) …하고 있는 것을 ~하다'   2) keep, leave 등의 동사: '(목적어가) …하게 ~하다'
5 **과거분사:** 목적어와 보어가 수동의 관계일 때 쓰며, 동작을 받는다는 의미를 나타냄
  1) want, need 등의 동사: '(목적어가) …되기를 ~하다'
  2) have, get 등의 동사: '(목적어가) …되게 하다'
  3) keep, leave 등의 동사: '(목적어가) …되도록 ~하다'

Check-up 다음 문장에서 밑줄 친 부분을 바르게 고쳐 쓰시오.

1 This tea will keep you warmly. → ____________
2 Jason told me send him pictures. → ____________
3 She will have her car fix tomorrow. → ____________
4 I heard someone knocked on the door. → ____________
5 He kept his eyes closing while he was waiting. → ____________

Sentence Writing with Grammar

우리말과 일치하도록 ( ) 안의 말을 이용하여 문장을 완성하시오.

1 Ted의 꿈은 소방관이 되는 것이다. (to become, a firefighter)

____

▶ to부정사는 '…하는 것'의 의미로, 주격보어로 쓸 수 있다.

2 그는 책을 읽으면서 앉아 있었다. (sit, read a book)

____

▶ '…하면서'의 의미로 주어의 능동적인 동작을 보충 설명하는 주격보어는 동사 뒤에 현재분사 형태로 쓴다.

3 문제는 우리가 어떻게 그 돈을 구할 것인가이다. (question, get, money)

____

▶ 「의문사+주어+동사」 형태의 의문사절은 주어의 내용을 설명하는 주격보어로 쓰일 수 있다.

4 나는 그 이야기가 재미있다는 것을 알게 되었다. (find, interesting)

____

▶ find는 '…라는 것을 알다'의 의미로, 목적격보어로 형용사를 쓴다.

5 Tom은 Nicole에게 그와 결혼해 달라고 청했다. (ask, marry)

____

▶ ask는 '…하는 것을 요청하다'의 의미로, 목적격보어로 to부정사를 쓴다.

6 그는 우리가 미술관에서 그 그림을 볼 수 있게 해주었다. (let, see, picture)

____________________ in the gallery.

▶ let은 '…하게 하다'의 의미의 사역동사로, 목적격보어로 동사원형을 쓴다.

7 우리는 부엌에서 뭔가가 타고 있는 냄새를 맡았다. (smell, something, burn)

____________________ in the kitchen.

▶ smell은 '…한 냄새를 맡다'의 의미의 지각동사로, 목적어의 동작이 진행 중임을 나타낼 때는 목적격보어로 현재분사를 쓴다.

8 Maria는 파리에서 그녀의 여권을 도둑맞았다. (have, passport, steal)

____________________ in Paris.

▶ '(목적어가) …되게 하다'의 의미를 나타낼 때는, 「have+목적어+과거분사」의 형태를 쓴다.

A

Some people think teenagers are too young to be celebrities. But I disagree. I don't think age should matter if the person is **talented**. If a teenager's dream is **to be a singer or an actor**, he or she should be encouraged **to show his or her ability**. Starting at an early age is **even better**. They have more time to develop their talent. It may make them successfully in their field earlier.

1 글쓴이의 주장으로 가장 알맞은 것은?

① 십 대들은 스타로 성공하기 어렵다.
② 십 대들은 연예인이 되기에 어리다.
③ 십 대들도 충분히 스타가 될 수 있다.
④ 십 대 스타들은 다양한 재능을 가지고 있다.
⑤ 십 대 스타들을 양성하기 위한 기관이 필요하다.

서술형

2 위 글의 밑줄 친 문장에서 어법상 틀린 부분을 찾아 바르게 고쳐 쓰시오.

_______________ → _______________

A
- 주격보어
- 목적격보어

teenager [tíːnèidʒər] 명 십 대
celebrity [səlébrəti] 명 연예인, 유명인
disagree [dìsəgríː] 동 동의하지 않다
matter [mǽtər] 동 중요하다
talented [tǽləntid] 형 재능이 있는 (명 talent 재주, 재능)
encourage [inkə́ːridʒ] 동 격려하다
field [fiːld] 명 들판; *분야

B

Have you ever seen a bird's droppings? You may be wondering why they are white and watery. The answer is **that birds have a different digestive system than most animals**. They can't urinate and defecate separately. Their droppings are **white and watery** because dung and the liquid waste come out mix. In fact, their actual dung is **darker and harder** like other animals'.

*urinate 소변을 보다 *defecate 배변하다

1 위 글의 밑줄 친 mix의 형태로 알맞은 것은?

① mix ② mixes ③ mixed
④ mixing ⑤ to mix

B
주격보어

dropping [drápiŋ] 명 《pl.》 (짐승·새 등의) 똥
watery [wɔ́ːtəri] 형 물 같은
digestive system 소화기 계통
separately [sépəritli] 부 따로따로
dung [dʌŋ] 명 똥
liquid [líkwid] 형 액체 형태의
actual [ǽktʃuəl] 형 실제의

01

What makes people **stronger**? What helps them **handle pain**? According to one experiment, the answer is clear: "encouragement." <u>한 심리학자가 몇 명의 사람들에게 얼음물 양동이 안에 서 있게 했다.</u> Then he recorded how long they stood in the bucket. *Of all the participants, one person stayed **standing** twice as long as the others. What made the difference? *That person's friends told him that he was doing great and encouraged him **to keep trying**. The other people in the experiment weren't given any encouragement at all. It shows that the power of encouragement is huge. *So the next time your friend is doing hard work, tell him or her **to cheer up**, and **to keep going**. It will really work!

1 위 글의 제목으로 가장 알맞은 것은?

① A Cruel Experiment
② The Causes of Stress
③ The Danger of Ice Water
④ How Encouragement Helps
⑤ How to Make Good Friends

서술형

2 위 글의 밑줄 친 우리말에 맞게 (　　) 안에 주어진 단어를 이용하여 문장을 완성하시오.

________________________________ in a bucket of ice water.
(psychologist, have, some, stand)

3 위 글에서 별표(*)가 표시된 문장을 모두 해석하시오.

handle[hǽndl] 동 (감정을) 다루다, 다스리다　experiment[ikspérəmənt] 명 실험　clear[kliər] 형 분명한
encouragement[inkə́:ridʒmənt] 명 격려　bucket[bʌ́kit] 명 양동이　participant[pɑ:rtísəpənt] 명 참가자　huge[hju:dʒ] 형 거대한
cheer up 격려하다　work[wə:rk] 동 일하다; *효과가 나다　[문제] cruel[krú:əl] 형 잔인한　psychologist[saikɑ́lədʒist] 명 심리학자

02

Nowadays solar power and wind power are becoming familiar energy sources. But there is a new type of power: "dung energy" or "poo power." Munich Zoo in Germany has been producing and using this power. *In the zoo, elephants are **big eaters who eat around 100 kilos of food** each day. But they don't break it down in their stomachs very well. So, they produce huge piles of dung that are rich with energy. *The zoo collects the waste, mixes (A) it with water and leaves it **sealed** in a tank. After 30 days, this creates biogas that can be used as fuel like gasoline. Then (B) it makes electricity and heat that the zoo can use. The zoo says this energy helps them a lot. It is **more eco-friendly** and saves money at the same time.

*biogas (메탄 등의) 생물 가스

1 위 글의 밑줄 친 (A)와 (B)가 가리키는 것을 본문에서 찾아 쓰시오.

(A) ______________ (B) ______________

2 위 글의 밑줄 친 부분과 문장 성분이 다른 것은?

① She looks happy in her new school.
② He finally became a fashion designer.
③ My job is to teach English to children.
④ I found her new novel really interesting.
⑤ The house remained empty for many years.

3 위 글에서 별표(*)가 표시된 문장을 모두 해석하시오.

nowadays [náuədèiz] 부 요즘에는 solar power 태양에너지 wind power 풍력 familiar [fəmíljər] 형 익숙한, 친숙한 source [sɔːrs] 명 원천, 근원 break down (물질을) 분해하다 poo [puː] 명 똥 stomach [stʌ́mək] 명 위 pile [pail] 명 더미 fuel [fjúːəl] 명 연료 gasoline [gǽsəliːn] 명 휘발유, 가솔린 electricity [ilektrísəti] 명 전기 eco-friendly [ékoufréndli] 형 환경 친화적인

Word Review

다음 영어 단어의 우리말 뜻을 적으시오.

1 wise	______	21 confident	______
2 disappointing	______	22 positive	______
3 fail a test	______	23 impression	______
4 cozy	______	24 instantly	______
5 custom	______	25 several	______
6 directly	______	26 passport	______
7 loyalty	______	27 celebrity	______
8 difference	______	28 disagree	______
9 care for	______	29 talented	______
10 allow	______	30 encourage	______
11 feed	______	31 separately	______
12 effect	______	32 liquid	______
13 consumer	______	33 experiment	______
14 quality	______	34 participant	______
15 opposite	______	35 huge	______
16 expect	______	36 cruel	______
17 set up	______	37 psychologist	______
18 avoid	______	38 source	______
19 affect	______	39 break down	______
20 useful	______	40 eco-friendly	______

Chapter 2

동사의 이해

UNIT 1 | 시제

A 진행형

1 1) Dad **is reading** a newspaper now.
2) Sandra **was sleeping** in her room.
3) I **will be waiting** for you at the theater.

1 1) 아빠는 지금 신문을 읽고 계신다.
2) Sandra는 그녀의 방에서 자고 있었다.
3) 내가 극장에서 너를 기다리고 있을 거야.

1 **진행형:** 진행 중인 동작, 상태, 습관 등을 나타냄
1) 현재진행형: 「am [are/is] v-ing」, '…하고 있다', '…하는 중이다'
2) 과거진행형: 「was [were] v-ing」, '…하고 있었다', '…하는 중이었다'
3) 미래진행형: 「will be v-ing」, '…하고 있을 것이다', '…하는 중일 것이다'

독해 비법
「진행형+when절」의 해석
동작이 진행 중임을 나타내는 어구 뒤에 when절이 오면 '…하고 있는데 그때 ~하다'로 해석하는 것이 자연스럽다.
He **was reading** comics **when** Amy called him. 그는 만화책을 읽고 있었는데 그때 Amy가 그에게 전화했다.

Check-up 다음 ( ) 안에 주어진 동사와 시제를 이용하여 문장을 완성한 후, 각 문장을 해석하시오.

1 He ________ to New York. (fly, 미래진행형) → ____________________
2 I ________ dinner when Alice came. (have, 과거진행형) → ____________________

B 현재완료, 과거완료, 완료진행형

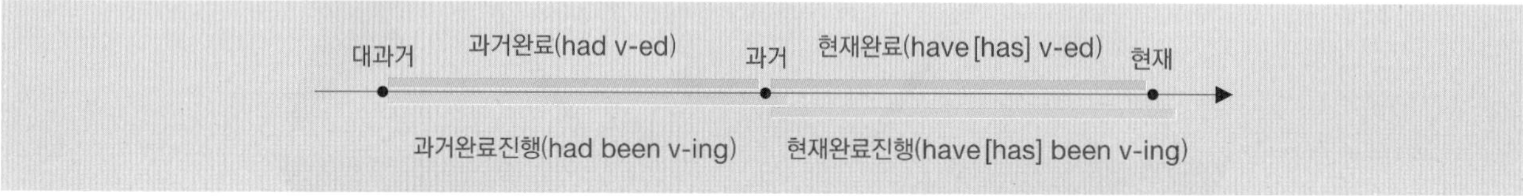

1 1) I **have** just **finished** my homework.
2) My family **has lived** in this house for 10 years.
3) **Have** you **talked** to Jane?
4) Erica **has gone** to London.
2 1) The meeting **had** already **started** when I arrived.
2) He **had gone** out when I visited his office.
3) Ben **had** never **met** him until then.
4) When I came home, I found I **had left** my cap.
5) I lost the bag that my father **had bought** for me.
3 1) She **has been playing** the piano all day.
2) I **had been waiting** for two hours when she arrived.

1 1) 나는 숙제를 막 끝냈다.
2) 우리 가족은 이 집에 10년째 살고 있다.
3) 너는 Jane과 이야기해 본 적이 있니?
4) Erica는 런던으로 가버렸다.
2 1) 내가 도착했을 때 회의는 이미 시작돼 있었다.
2) 내가 그의 사무실을 방문했을 때 그는 외출 중이었다.
3) Ben은 그때까지 그를 만난 적이 없었다.
4) 집에 왔을 때 나는 모자를 두고 왔다는 것을 알았다.
5) 나는 아빠가 내게 사 주신 가방을 잃어버렸다.
3 1) 그녀는 온종일 피아노를 치고 있다.
2) 그녀가 도착했을 때 나는 두 시간 동안 기다리고 있는 중이었다.

1 현재완료: 과거에 시작되어 현재까지 영향을 미치는 동작이나 상태를 표현

1) 완료: '(막) …했다'
2) 계속: '(지금까지 계속) …하고 있다'
3) 경험: '…해 본 적이 있다'
4) 결과: '(과거에) …해서 (그 결과 지금) ~하다'

2 과거완료: 과거 이전에 시작되어 과거의 어느 시점까지 영향을 미치는 동작이나 상태를 표현

1) 완료: '(막) …했었다'
2) 계속: '(그때까지 계속) …하고 있었다'
3) 경험: '…해 본 적이 있었다'
4) 결과: '(과거 이전에) …해서 (그 결과 과거에) ~했다'
5) 대과거: 과거 이전에 있었던 일을 나타냄

3 완료진행형: 과거의 일이 과거의 어느 시점이나 현재까지 계속 진행 중임을 나타냄

1) 현재완료진행: 과거 → 현재
2) 과거완료진행: 대과거 → 과거

> **독해 비법** 완료형과 자주 함께 쓰는 부사와 전치사의 의미
> 1) 완료: just(방금), already(벌써), yet(아직), recently(최근에)
> 2) 경험: ever(한 번이라도), never(한 번도 …않다), before(전에), often(자주), once(한 번)
> 3) 계속: for(…동안), since(…부터, …이후), always(언제나, 항상), all day(온종일)
> **Haven't** you **received** the book from him **yet**? 아직 그에게서 책을 못 받은 거예요?
> **Have** you **visited** China **before**? 전에 중국을 방문해 본 적이 있나요?
> She **hasn't talked** to me **since** yesterday. 어제부터 그녀는 나와 말을 하지 않고 있다.

Check-up 다음 ( ) 안에 주어진 동사와 시제를 이용하여 문장을 완성한 후, 각 문장을 해석하시오.

1 Brian ________ to London. (move, 현재완료) → ____________________
2 We ________ friends for five years. (be, 현재완료) → ____________________
3 I ________ my dinner when she arrived. (finish, 과거완료) → ____________________
4 She ________ without a break. (work, 현재완료진행형) → ____________________
5 The students ________ for three hours. (sit, 과거완료진행형) → ____________________

C 주의해야 할 시제 관련 용법

1 We **are leaving** for Busan tomorrow.
2 I will call you *when* the class **is** over.
He will be angry *if* you **forget** the plan.

1 우리는 내일 부산으로 떠날 것이다.
2 수업이 끝나면 내가 너에게 전화할게.
네가 그 계획을 잊으면 그는 화를 낼 것이다.

1 미래를 나타내는 현재진행형: 예정되어 있는 가까운 미래의 일을 나타낼 때 사용
2 때나 조건을 나타내는 부사절: when, if가 이끄는 부사절에서는 미래의 일을 현재시제로 나타냄
cf. when, if가 이끄는 명사절에서는 미래의 일을 미래시제로 나타냄

Check-up 다음 ( ) 안에 주어진 동사를 이용하여 문장을 완성한 후, 각 문장을 해석하시오.

1 We're ________ a party tonight. (have) → ____________________
2 Sam will like her when he ________ her. (meet) → ____________________
3 They will go on a picnic if it ________ sunny. (be) → ____________________

Sentence Writing with Grammar

우리말과 일치하도록 (   ) 안의 말을 이용하여 문장을 완성하시오.

1 Michael는 그 컴퓨터로 그의 숙제를 하고 있다. (do one's homework)

_______________________________ on the computer.

▶ 현재 진행 중인 일을 나타낼 때는 현재진행형을 쓴다.

2 나는 TV를 보고 있었는데 그때 그녀가 내게 전화했다. (watch TV, call)

____

▶ 과거에 진행 중이던 일을 나타낼 때는 과거진행형을 쓴다.

3 나는 이번 주 일요일에 내 친구들과 농구를 하고 있을 것이다. (play basketball)

_______________________________ this Sunday.

▶ 미래에 진행 중일 일을 나타낼 때는 미래진행형을 쓴다.

4 그들은 결혼한 지 20년이 되었다. (be married)

____

▶ 과거부터 현재까지 지속된 상태를 나타낼 때는 현재완료 시제를 쓴다.

5 Alex는 그의 자전거를 잃어버려서 집으로 걸어 와야 했다. (lose, bicycle)

_______________________________, so he had to walk home.

▶ 과거 이전의 일이 과거의 결과에 영향을 미칠 때는 과거완료 시제를 쓴다.

6 Sarah는 온종일 계속 책을 읽고 있다. (read a book, all day)

____

▶ 과거부터 현재까지 계속되고 있는 동작을 나타낼 때는 현재완료진행형을 쓴다.

7 비가 오기 시작했을 때, 우리는 두 시간 동안 야구를 하고 있었다. (play baseball)

When it started to rain, _______________________________.

▶ 과거 이전의 일이 과거의 어느 시점까지 계속되고 있었음을 나타낼 때는 과거완료진행형을 쓴다.

8 우리는 내일 홍콩을 방문할 것이다. (visit, Hong Kong)

____

▶ 예정된 가까운 미래의 일을 나타낼 때는 현재진행형을 쓸 수 있다.

Basic Reading

A

Some tourists in Dresden, Germany, have been (A) wait for rain. There is a building there that plays music in the rain. They **are hoping** to hear it! Three German artists living in this building have (B) attach drains and funnels to its outer walls. When it rains, funnels at the top of the building gather water. Then, as the water flows down through long pipes, it makes unique sounds. What a huge instrument!

*drain 배수관 *funnel 깔때기

A
- 현재완료진행형
- 현재진행형
- 현재완료

tourist [tú:ərist] 명 관광객
attach [ətǽtʃ] 동 붙이다
outer [áutər] 형 외부의
gather [gǽðər] 동 모으다
unique [ju:ní:k] 형 독특한
instrument [ínstrəmənt] 명 악기

1 밑줄 친 a building에 관한 설명 중 위 글의 내용과 일치하지 않는 것은?

① 독일의 한 도시에 위치해 있다.
② 비가 오면 음악을 연주하는 장치가 있다.
③ 세 명의 예술가들이 거주하고 있다.
④ 내벽에 배수관이 설치되어 있다.
⑤ 꼭대기에 있는 깔때기가 빗물을 모은다.

2 위 글의 밑줄 친 동사 (A)와 (B)를 알맞은 형태로 바꿔 쓰시오.

(A) ______________ (B) ______________

B

A hungry fox **was looking** for food. (not / had / he / anything / eaten) for two days. Then he saw a crow. ① He was high up in a tree. The crow **was holding** a large piece of bread in ② his beak. So the fox said, "Hello crow! You are such a charming bird. What is your name?" When the crow opened ③ his mouth, ④ he dropped the bread. The clever fox **had been waiting** for this. ⑤ He caught the bread and ate it.

B
- 과거진행형
- 과거완료
- 과거완료진행형

look for …을 찾다
hold [hould] 동 잡고 있다
beak [bi:k] 명 (새의) 부리
charming [tʃá:rmiŋ] 형 매력적인

1 위 글의 밑줄 친 he[his] 중 가리키는 바가 다른 하나는?

① ② ③ ④ ⑤

서술형

2 위 글의 ( ) 안에 주어진 단어를 바르게 배열하시오.

____

Actual Reading

01

Music education has the power to ____________. Venezuela's El Sistema program is a real-life example of this. Years ago in Venezuela, only rich children could learn to play classical music. But now, thanks to El Sistema, poor children can learn musical instruments, too. They don't have to pay for their instruments or their lessons. <u>지난 40년간 이 프로그램은 많은 가난한 아이들이 음악가로서 좋은 일자리를 찾을 수 있도록 도와 왔다.</u> *Edicson Ruiz, for example, entered the Berlin Philharmonic Orchestra after he **had trained** in El Sistema. He was only 17 then, and he was the youngest member of the orchestra ever! *Including Edicson, El Sistema **has turned** over 500,000 young Venezuelans into musicians. *It **has been** so successful that now many other countries **are copying** it.

1 위 글의 빈칸에 들어갈 말로 가장 알맞은 것은?

① entertain people
② heal broken hearts
③ encourage creativity
④ change people's lives
⑤ help students study better

서술형

2 위 글의 밑줄 친 우리말에 맞게 ( ) 안에 주어진 단어를 이용하여 문장을 완성하시오.

Over the last 40 years, ______________________________ as musicians.
(help, children, find, jobs)

3 위 글에서 별표(*)가 표시된 문장을 모두 해석하시오.

education [èdʒukéiʃən] 명 교육 real-life [ríːəllaif] 형 실제의 classical [klǽsikəl] 형 고전의, 클래식의 train [trein] 동 교육받다, 훈련받다 successful [səksésfəl] 형 성공적인 copy [kɑ́pi] 동 복사하다; *모방하다 [문제] entertain [èntərtéin] 동 즐겁게 해주다 creativity [krìːeitívəti] 명 창조성, 창의성

02

What will you do if your dream job ______(A)______ in the future? The futurist Thomas Frey **has predicted** that two billion jobs ______(B)______ by 2030. That is almost 50% of the jobs that currently exist. As technology advances, jobs that need human labor will decrease. *For example, as we **have been developing** driverless technology, we eventually won't need taxi, bus, or truck drivers. *Also, lectures that are open to everyone online **are gaining** popularity. This means that we can learn without going to school, and there will be less need for teachers and instructors. Lastly, 3D printing technology **is improving** rapidly. With this technology, people will be able to make everything from clothes to cars themselves. If we can produce things ourselves, manufacturers will lose their jobs, too.

1 위 글의 제목으로 가장 알맞은 것은?

① Development of Technology
② The Most Popular Future Jobs
③ Changes in Jobs in the Future
④ How to Choose a Promising Job
⑤ How Technology Changed Our Lives

2 위 글의 빈칸 (A)와 (B)에 들어갈 말이 바르게 짝지어진 것은?

	(A)		(B)
①	disappear	–	disappeared
②	disappears	–	will disappear
③	disappears	–	is disappeared
④	disappeared	–	has disappeared
⑤	disappeared	–	had disappeared

3 위 글에서 별표(*)가 표시된 문장을 모두 해석하시오.

futurist [fjú:tʃərist] 명 미래학자 predict [pridíkt] 동 예측하다 billion [bíljən] 명 10억 currently [kə́:rəntli] 부 현재, 지금 exist [igzíst] 동 존재하다 advance [ədvǽns] 동 증진되다 driverless [dráivərlis] 형 운전사가 필요 없는 eventually [ivéntʃuəli] 부 결국 lecture [léktʃər] 명 강의 instructor [instrʌ́ktər] 명 강사, 교사 improve [imprú:v] 동 개선하다 rapidly [rǽpidli] 부 빨리, 급속히 manufacturer [mæ̀njəfǽktʃərər] 명 제조자 [문제] disappear [dìsəpíər] 동 사라지다

UNIT 2 | 수동태 1

A 수동태의 형태와 의미

1 *The Old Man and the Sea* **was written** by Hemingway.
(← Hemingway wrote *The Old Man and the Sea*.)
The speech **won't be given** by him.
(← He won't give the speech.)
2 English **is spoken** all over the world.
Many people **were killed** in the war.

1 「노인과 바다」는 헤밍웨이에 의해 쓰였다.
(헤밍웨이가 「노인과 바다」를 썼다.)
연설은 그에 의해 행해지지 않을 것이다.
(그는 연설을 하지 않을 것이다.)
2 영어는 전 세계에서 말해진다.
그 전쟁에서 많은 사람들이 죽었다.

1 **수동태의 기본 형태:** 「be동사+v-ed+by+행위자」
• '…되다', '…받다', '…당하다'의 의미로, 시제는 be동사의 변화로 나타냄

2 「**by+행위자**」 **생략:** 행위자가 일반인(we, you, they, people 등)이거나 불명확할 때 생략됨

> 독해 비법
> 「**get v-ed**」의 쓰임과 의미
> be동사 대신 get을 써서 수동태를 만들 수 있으며, 계획에 없거나 예상치 못했던 일을 당했음을 의미한다.
> When did you **get hurt**? 언제 다치셨나요?

Check-up 우리말과 일치하도록 (   ) 안의 동사를 이용하여 문장을 완성하시오.

1 이 그림은 반 고흐에 의해 그려졌다. (paint) → This picture ____________ by van Gogh.
2 이 차들은 유럽으로 수출된다. (export) → These cars ____________ to Europe.
3 두 어린이가 그의 차에 치였다. (hit) → Two children ____________ by his car.
4 그의 새 자전거는 어제 도난당했다. (steal) → His new bicycle ____________ yesterday.
5 표는 인터넷을 통해 판매될 것이다. (sell) → The tickets ____________ through the Internet.

B 수동태를 쓸 수 없는 동사

1 The boy **appeared** suddenly.
2 He **has** brown hair and green eyes.

1 그 소년은 갑자기 나타났다.
2 그는 갈색 머리카락과 초록색 눈을 갖고 있다.

1 **자동사:** 목적어가 없으므로 수동태로 쓸 수 없음
The boy was appeared suddenly. (X)

2 **일부 타동사:** have, resemble, fit, lack 등의 동사는 수동태로 쓰이지 않음
Brown hair and green eyes are had by him. (X)

Check-up 다음 (　) 안에서 알맞은 말을 고르시오.

1 The sun (rises / is risen) in the east.
2 He (lacks / is lacked by) a sense of humor.
3 Sally (resembles / is resembled by) her mom.
4 The accident (reported / was reported) on the news.

C 수동태의 여러 형태

1 The project **must be finished** in October.
(← We must finish the project in October.)
The question **couldn't be answered** by him.
(← He couldn't answer the question.)
2 I am happy **to be invited** to dinner.
3 He doesn't like **being called** Johnny.
4 1) The classroom **is being cleaned** by students.
(← Students are cleaning the classroom.)
2) His car **was being followed** by the police.
(← The police were following his car.)
5 1) The museum **has been visited** by lots of people.
(← Lots of people have visited the museum.)
2) The house **hadn't been sold.**

1 그 프로젝트는 10월에 마쳐져야 한다.
(우리는 그 프로젝트를 10월에 마쳐야 한다.)
그 질문은 그에 의해 답해질 수 없었다.
(그는 그 질문에 대답할 수 없었다.)
2 저는 저녁식사에 초대받아서 기쁩니다.
3 그는 Johnny 라고 불리는 것을 좋아하지 않는다.
4 1) 교실은 학생들에 의해 청소되고 있다.
(학생들이 교실을 청소하고 있다.)
2) 그의 차는 경찰에 의해 추격되고 있었다.
(경찰이 그의 차를 추격하고 있었다.)
5 1) 박물관은 많은 사람들에 의해 방문되어 왔다.
(많은 사람들이 그 박물관을 방문해 왔다.)
2) 그 집은 팔리지 않고 있었다.

1 **조동사가 있는 수동태:** 「조동사+be v-ed」
2 **to부정사의 수동태:** 「to be v-ed」
3 **동명사의 수동태:** 「being v-ed」
4 **진행형의 수동태**
1) 현재진행형의 수동태: 「am [are/is] being v-ed」
2) 과거진행형의 수동태: 「was [were] being v-ed」
5 **완료형의 수동태**
1) 현재완료 수동태: 「have [has] been v-ed」
2) 과거완료 수동태: 「had been v-ed」

Check-up 다음 문장에서 밑줄 친 부분을 바르게 고쳐 쓰시오.

1 That story <u>can't understand</u> easily. → ____________________
2 I want more money <u>to paid</u>. → ____________________
3 He isn't afraid of <u>catching</u> by the police. → ____________________
4 We <u>are being teach</u> by Mr. Brown. → ____________________
5 The mystery <u>hasn't solved</u> yet. → ____________________

Sentence Writing with Grammar

우리말과 일치하도록 (   ) 안의 말을 이용하여 문장을 완성하시오.

1 이 오페라는 모차르트에 의해 작곡되었다. (compose, Mozart)

____

▶ 수동태는 '(행위자에 의해) …되다'의 의미로, 「be동사+v-ed+by+행위자」의 형태로 쓴다.

2 그 학교는 1987년에 설립되었다. (found)

____

▶ 수동태에서 행위자가 일반인이거나 불명확할 때는 「by+행위자」를 생략할 수 있다.

3 Jessica는 다시는 속지 않았다. (fool)

______________________________ again.

▶ 수동태의 부정형은 be동사 뒤에 not을 써서 만든다.

4 그 사실들은 잊혀져서는 안 된다. (these facts, must, forget)

____

▶ 조동사가 있는 수동태의 부정형은 「조동사+not+be v-ed」로 쓴다.

5 Betty는 공주처럼 대접받고 싶어한다. (want, treat)

______________________________ like a princess.

▶ to부정사의 수동태는 「to be v-ed」의 형태로 쓴다.

6 그 개는 사람들에 의해 만져지는 것을 즐기지 않는다. (enjoy, touch)

______________________________ by people.

▶ 동명사의 수동태는 「being v-ed」의 형태로 쓴다.

7 그녀는 누군가에게 미행당하고 있었다. (follow, somebody)

____

▶ 과거진행형의 수동태는 「was[were] being v-ed」의 형태로 쓴다.

8 그 노래는 50년이 넘는 시간 동안 불리고 있다. (sing, for, over)

____

▶ 현재완료 수동태는 「have[has] been v-ed」의 형태로 쓴다.

Basic Reading

A

Many fake goods are (A) [making / made] and sold because some people want expensive luxury items for cheap prices. Purses, watches, and even cars **are being copied**. They look so real that even experts can't tell they are fakes. But it is a crime to steal other people's creative work. Also, sometimes unsafe materials **are used** in the copies, and people have (B) [hurt / been hurt] by them. For everyone's good, fake goods **mustn't be produced** or **purchased** anymore.

A
- 수동태의 기본 형태
- 진행형의 수동태
- 완료형의 수동태
- 조동사가 있는 수동태

fake [feik] 형 가짜의
goods [gudz] 명 《pl.》 상품, 제품
copy [kápi] 동 복사하다 명 복제품
expert [ékspəːrt] 명 전문가
crime [kraim] 명 범죄
creative [kriéitiv] 형 창의적인
purchase [pə́ːrtʃəs] 동 구입하다

서술형

1 다음 질문에 대한 답을 위 글에서 찾아 우리말로 쓰시오. (두 가지)

Why shouldn't we produce or buy fake goods?

1) ______________________________
2) ______________________________

2 위 글의 (A)와 (B)의 각 네모 안에서 어법에 맞는 표현을 골라 쓰시오.

(A) ____________ (B) ____________

B

Have you ever **been burned** because you touched something hot? Painful events like these **are** usually **stored** in your brain. 결과적으로, 많은 사고가 방지될 수 있다. Human intelligence makes this possible. Actions and results **are memorized**, and better decisions **are made**. This is the key difference between human and artificial intelligence. Machines can process more information than humans, but learning and making intelligent decisions are still hard for them. Scientists want to give these abilities to machines. It's a difficult goal, but it **may be reached** soon.

B
- 완료형의 수동태
- 수동태의 기본 형태
- 조동사가 있는 수동태

burn [bəːrn] 동 타오르다; *데다
store [stɔːr] 동 저장하다; *기억하다
memorize [méməràiz] 동 암기하다
decision [disíʒən] 명 결정
artificial intelligence 인공지능
reach [riːtʃ] 동 도달하다

서술형

1 위 글의 밑줄 친 우리말에 맞게 ( ) 안에 주어진 단어를 이용하여 문장을 완성하시오.

As a result, ______________________________. (many accidents, avoid)

01

*Poi is a special food that **has been loved** by the Hawaiian people. Its main ingredient is a plant called taro. *To make poi, the roots of the plant **must be cooked** and then **mashed**. Freshly made poi is pale purple, and it tastes very sweet. But the taste becomes sour as time passes. *Then things such as milk or sugar **are added** to make it tastier. Many people think it looks and tastes like wallpaper paste, but it is the holy food for the Hawaiian people. They think poi **is related** to Haloa, the Hawaiian people's ancestor. <u>It is believed that his spirit is appeared whenever poi is uncovered.</u> So everyone at the table should stop arguing when the poi **is uncovered**!

*taro 타로토란

1 poi에 관한 설명 중 위 글의 내용과 일치하지 <u>않는</u> 것은?

① 타로토란이라는 식물의 뿌리로 만들어진다.
② 갓 만들어진 poi는 신맛이 난다.
③ 우유나 설탕을 넣어서 먹기도 한다.
④ 하와이 사람들에게 신성한 음식이다.
⑤ 하와이 조상신인 Haloa와 연관이 있다고 여겨진다.

서술형

2 위 글의 밑줄 친 문장에서 어법상 <u>틀린</u> 부분을 찾아 바르게 고쳐 쓰시오.

__________ → __________

3 위 글에서 별표(*)가 표시된 문장을 모두 해석하시오.

ingredient[ingríːdiənt] 명 재료, 성분 mash[mæʃ] 동 으깨다 freshly[fréʃli] 부 갓 …한 pale[peil] 형 (색깔이) 옅은, 연한 add[æd] 동 첨가하다 wallpaper[wɔ́ːlpèipər] 명 벽지 paste[peist] 명 반죽; *풀 holy[hóuli] 형 신성한 ancestor[ǽnsestər] 명 조상, 선조 spirit[spírit] 명 정신, 영혼 uncovered[ʌnkʌ́vərd] 형 아무것도 덮여 있지 않은 argue[ɑ́ːrgjuː] 동 언쟁을 하다

02

Most people think the submarine is a modern invention. *However, you may be surprised to hear when it **was** first **created**. The first submarine (A) invent in 1620 by Cornelius van Drebbel, a Dutch inventor. His version of the submarine was quite different from the modern one. *Here is how his submarine **was made**. First, a wooden boat **was wrapped** tightly with waterproofed leather. Then air tubes **were added** to supply oxygen to people who were inside. Engines hadn't (B) invent yet, so the submarine **had to be powered** by people. *On the first trip, the submarine **was moved** by 12 men with oars. Submarines have improved since then. Now, they **are moved** by engines, not men. And diesel fuel and nuclear power **are used** to power them.

*oar 노

1 윗글의 제목으로 가장 알맞은 것은?

① The Way Submarines Move
② The Greatest Dutch Inventor
③ The First Submarine in History
④ The Life of Men in Submarines
⑤ The Development Process of Engines

2 위 글의 밑줄 친 동사 (A)와 (B)를 알맞은 형태로 고쳐 쓰시오.

(A) ______________ (B) ______________

3 위 글에서 별표(*)가 표시된 문장을 모두 해석하시오.

submarine[sʌ̀bməríːn] 명 잠수함 modern[mɑ́dərn] 형 현대의 invention[invénʃən] 명 발명품 (동 invent) create[kriéit] 동 창조하다 version[vəːrʒən] 명 …판, 형태 wooden[wúdn] 형 나무로 된 wrap[ræp] 동 싸다, 포장하다 tightly[táitli] 부 단단히 waterproof[wɔ́ːtərprùːf] 동 방수 처리를 하다 leather[léðər] 명 가죽 air tube 공기관 supply[səplái] 동 제공하다 oxygen[ɑ́ksidʒən] 명 산소 power[pauər] 명 힘 동 *동력을 공급하다, 작동시키다 diesel fuel 경유, 디젤 연료 nuclear power 원자력

UNIT 3 | 수동태 2

A 4형식 문장의 수동태

「주어+동사+간접목적어+직접목적어」의 4형식 문장은 목적어와 동사에 따라 다른 수동태 문장이 만들어짐

1 1) I **was given** this box by Eric.
2) This box **was given** *to* me by Eric.
(← Eric gave me this box.)

2 The computer **was bought** *for* Rachel by him.
(← He bought Rachel the computer.)

1 1) 나는 Eric에 의해 이 상자를 받았다.
2) 이 상자는 Eric에 의해 나에게 주어졌다.
(Eric은 나에게 이 상자를 주었다.)

2 그 컴퓨터는 Rachel을 위해 그에 의해 구입되었다.
(그는 Rachel에게 그 컴퓨터를 사 주었다.)

1 두 개의 수동태가 가능한 경우

• 동사 give, show, send, promise 등이 쓰인 4형식 문장
• 간접목적어와 직접목적어를 각각 주어로 하는 수동태 문장을 만들 수 있음
1) 「주어(← 간접목적어)+be동사+v-ed+직접목적어+by+행위자(← 주어)」
2) 「주어(← 직접목적어)+be동사+v-ed+to 간접목적어+by+행위자(← 주어)」
※ 간접목적어가 인칭대명사인 경우 to를 생략하기도 함

2 직접목적어를 주어로 하는 수동태만 가능한 경우

• 동사 make, buy, get, leave, cook 등이 쓰인 4형식 문장
• 「주어(← 직접목적어)+be동사+v-ed+for 간접목적어+by+행위자(← 주어)」의 수동태만 가능
Rachel was bought the computer by him. (X)
※ 간접목적어 앞에 반드시 전치사 for를 붙임

Check-up 다음 문장을 밑줄 친 부분을 주어로 하는 수동태 문장으로 바꿔 쓰시오.

1 The judges gave Julie first prize. → ______________________
2 He sent Yvonne red roses. → ______________________
3 She made Seth a birthday cake. → ______________________

B 5형식 문장의 수동태

「주어+동사+목적어+목적격보어」의 5형식 문장은 보어와 동사에 따라 다른 수동태 문장이 만들어짐

1 Bach **is called** the father of music (by people).
(← People call Bach the father of music.)
Her hair **has been turned** gray by age.
(← Age has turned her hair gray.)

2 Lily **was made to repeat** the story by Paul.
(← Paul made Lily repeat the story.)

1 바흐는 (사람들에 의해) 음악의 아버지라고 불린다.
(사람들은 바흐를 음악의 아버지라고 부른다.)
그녀의 머리카락은 세월에 의해 희어졌다.
(세월이 그녀의 머리카락을 희게 만들었다.)

2 Lily는 Paul에 의해 이야기를 반복하게 만들어졌다.
(Paul은 Lily가 그 이야기를 반복하게 했다.)

1 목적격보어가 명사, 형용사, 분사, to부정사인 경우

- 「주어(← 목적어)+be동사+v-ed+보어+by+행위자(← 주어)」
- 목적격보어는 변형 없이 그대로 씀

2 사역동사가 쓰인 5형식 문장: 목적격보어로 쓰인 동사원형을 to부정사로 바꿔 씀

Check-up 다음 문장을 수동태로 바꿔 쓰시오.

1 My professor advised me to study law. → ____________________

2 David made Cindy close her eyes. → ____________________

C 동사구의 수동태

1 Emma **was taken care of** by the nanny.
(← The nanny took care of Emma.)

1 Emma는 보모에 의해 돌보아졌다.
(보모가 Emma를 돌보았다.)

1 동사가 두 개 이상의 단어로 이루어진 경우: 동사만 「be동사+v-ed」로 바꿔 씀

Check-up 다음 문장을 수동태로 바꿔 쓰시오.

1 She will look after my dog. → ____________________

2 A car ran over my cat yesterday. → ____________________

D by 이외의 전치사를 쓰는 수동태

1 I **am interested in** science.
Emily **was married to** Harry.
He **wasn't pleased with** the result.

1 나는 과학에 흥미가 있다.
Emily는 Harry와 결혼했다
그는 그 결과에 기뻐하지 않았다.

1 그 밖의 자주 쓰이는 수동태 표현

be surprised at: '…에 놀라다' be disappointed in: '…에 실망하다' be composed of: '…로 구성되다'
be covered with: '…로 덮여 있다' be filled with: '…로 가득 차다' be satisfied with: '…에 만족하다'
be known to: '…에게 알려져 있다' be known for: '…로 유명하다' be known as: '…로 알려져 있다'
be made of: '…로 만들어지다' (재료의 원형이 남음) be made from: '…로 만들어지다' (원형이 남지 않음)

Check-up 다음 빈칸에 알맞은 말을 쓴 후, 각 문장을 해석하시오.

1 This table is made ________ wood. → ____________________

2 She wasn't surprised ________ the news. → ____________________

3 Are you satisfied ________ your grade? → ____________________

Sentence Writing with Grammar

우리말과 일치하도록 (   ) 안의 말을 이용하여 문장을 완성하시오.

1 그녀는 Dylan에 의해 이 크리스마스 카드를 받았다. (give, Christmas card)

She ____.

▶ 동사 give가 쓰인 4형식 문장의 간접목적어를 주어로 하는 수동태 문장은 「주어+be동사+v-ed+직접목적어+by+행위자」의 형태로 쓴다.

2 그 사진은 Nora에 의해 나에게 보여졌다. (show)

The picture ____.

▶ 동사 show가 쓰인 4형식 문장의 직접목적어를 주어로 하는 수동태 문장은 「주어+be동사+v-ed+to 간접목적어+by+행위자」의 형태로 쓴다.

3 그 분홍색 드레스는 Olivia를 위해 그녀의 할머니에 의해 구입되었다. (buy, grandma)

The pink dress ____.

▶ 동사 buy가 쓰인 4형식 문장의 수동태는 「주어+be동사+v-ed+for 간접목적어+by+행위자」의 형태로 쓴다.

4 그는 그의 친구들에 의해 Teddy라고 불린다. (call)

He ____.

▶ 5형식 문장의 수동태는 「주어+be동사+v-ed+보어+by+행위자」의 형태로 쓴다.

5 Neil은 그의 회사에 의해 토요일에 일할 것을 강요당했다. (make, work, his company)

Neil ____.

▶ 사역동사 make가 쓰인 5형식 문장을 수동태로 만들 때, 목적격보어로 오는 동사원형은 to부정사로 바꿔 써야 한다.

6 Carol의 생각은 그녀의 친구들에 의해 비웃음을 당했다. (laugh at)

Carol's idea ____.

▶ 두 개 이상의 단어로 이루어진 동사구를 수동태로 만들 때는 동사만 「be동사+v-ed」로 바꾼다.

7 그녀의 방은 인형들로 가득 차 있다. (room, fill, doll)

____

▶ '…로 가득 차 있다'는 「be filled with」로 나타낸다.

8 이 아이스크림은 무엇으로 만들어졌니? (what, this ice cream, make, from)

____

▶ '…로 만들어지다'는 「be made from」이나 「be made of」로 나타낼 수 있는데, 원재료를 알 수 없을 때는 from을 쓴다.

A

Before the start of every Olympic Games, the Olympic torch ① is lit in Greece. Then it ② is carried to the Olympic Stadium by relay. This symbolic gesture connects the modern games with the ancient games. You may ③ be surprised at how far the torch travels. It ④ passes through thousands of cities all over the world. When it finally reaches the Olympic Stadium, it ⑤ uses to light the Olympic flame.

Basic Reading

A
- 4형식 문장의 수동태
- by 외의 전치사를 쓰는 수동태

torch [tɔːrtʃ] 명 손전등; *횃불
light [lait] 동 불을 붙이다 (light-lit-lit)
carry [kǽri] 동 들고 있다; *나르다
relay [ríːlèi] 명 릴레이
symbolic [simbάlik] 형 상징적인
flame [fleim] 명 불길, 불꽃

1 위 글의 밑줄 친 ①~⑤ 중 어법상 틀린 것은?

① ② ③ ④ ⑤

B

In the U.S., there is a special Thanksgiving Day tradition at the White House. Each year, the president pardons a turkey. (A) This tradition **is believed** to have been started by Abraham Lincoln. But it didn't continue. (B) Later in 1989, President Bush gave a turkey an official presidential pardon. The tradition has been followed each year since then. The pardoned turkeys **are sent** to Disneyland, and they participate in the Thanksgiving Day parade.

B
- 4형식 문장의 수동태
- 5형식 문장의 수동태

pardon [pάːrdn] 동 (죄인에 대해) 사면하다 명 사면
turkey [tə́ːrki] 명 칠면조
official [əfíʃəl] 형 공식적인
presidential [prèzidénʃəl] 형 대통령의
participate in …에 참여하다

1 밑줄 친 (A) This tradition에 관한 설명 중 위 글의 내용과 일치하지 않는 것은?

① 백악관에서 행하는 추수감사절 행사다.
② 대통령이 칠면조를 사면한다.
③ 링컨 대통령 때 시작되었다고 한다.
④ 부시 대통령 때 일시적으로 중단되었다.
⑤ 사면된 칠면조는 디즈니랜드로 보내진다.

서술형

2 위 글의 밑줄 친 (B)를 수동태 문장으로 바꿔 쓰시오.

Later in 1989, ______________________________.

Actual Reading

01

*In June 2013, a painting **was sold** to a buyer at a London auction for £750,000. Everyone was surprised that the painting was sold for so much. That's because the artist's identity is a mystery. He is just known ___(A)___ Banksy, a graffiti artist in the U.K. His real name, face, and even age have never been revealed. But he is very well-known ___(B)___ his unique style of graffiti. People like his paintings because of the humor and meaning in them. *For example, one of his paintings **is called** *Shop until You Drop*. It shows a woman holding a shopping cart while she is falling down. This painting shows the theme of shopping addiction in a humorous way. However, graffiti isn't allowed in the U.K., so he disappears right after he creates a new work.

*graffiti 낙서

1 위 글의 내용으로 보아 Banksy를 묘사하는 말로 가장 알맞은 것은?

① selfish ② honest ③ diligent
④ mysterious ⑤ warm-hearted

2 위 글의 빈칸 (A)와 (B)에 들어갈 전치사가 바르게 짝지어진 것은?

(A)	(B)	(A)	(B)
① by	– as	② by	– at
③ as	– in	④ as	– for
⑤ for	– with		

3 위 글에서 별표(*)가 표시된 문장을 모두 해석하시오.

auction [ɔ́:kʃən] 명 경매 identity [aidéntəti] 명 신원, 정체 reveal [riví:l] 동 드러내다, 밝히다 drop [drɑp] 동 떨어지다; *(지쳐서) 쓰러지다 theme [θi:m] 명 주제 addiction [ədíkʃən] 명 중독 [문제] selfish [sélfiʃ] 형 이기적인 diligent [dílidʒənt] 형 근면한, 성실한 warm-hearted [wɔ̀:rmhɑ́:rtid] 형 마음이 따뜻한

02

If you look closely at a golf ball, you will notice something interesting. 다른 공들과는 달리, 골프공들은 작은 홈들로 뒤덮여 있다. Why are they made this way? ★A long time ago, golf balls **were made from** rubber and wood. They were very smooth, like bowling balls. So they had scratches and dents easily. But it was found that those balls flew farther. Players liked old, scratched balls more than new, smooth ones. ★So golf balls started to **be made** already dented! Then how do the dimples work? They slow down the air moving over the ball. At the same time, they speed up the air under the ball. This reduces the air resistance and makes the ball go farther. They may seem funny, but without them, golf would be a much harder sport!

*resistance (진로를 방해하는) 저항

1 위 글의 주제로 가장 알맞은 것은?

① changes in the rules of golf
② the standard size of golf balls
③ the history of the game of golf
④ how to hit balls farther and higher
⑤ why golf balls have dimples on them

서술형

2 위 글의 밑줄 친 우리말에 맞게 ( ) 안에 주어진 단어를 이용하여 문장을 완성하시오.

Unlike other balls, ______________________________.
(cover, with, tiny, dimple)

3 위 글에서 별표(★)가 표시된 문장을 모두 해석하시오.

rubber[rʌ́bər] 명 고무 smooth[smuːð] 형 매끄러운, 매끈한 scratch[skrætʃ] 명 긁힌 자국 동 긁다, 긁힌 자국을 내다 dent[dent] 명 움푹 들어간 곳 동 움푹 들어가게 만들다 farther[fɑ́ːrðər] 부 더 멀리 dimple[dímpl] 명 옴폭 들어간 곳 slow down (속도를) 늦추다 reduce[ridjúːs] 동 줄이다 [문제] standard[stǽndərd] 형 보통의; *표준 규격에 맞춘 unlike[ʌ̀nláik] 전 …와는 달리

UNIT 4 | 조동사

A 주요 조동사의 의미

1 1) I **can** speak three languages.
2) **Can** I see your ID card?
3) It **can't[cannot]** be true.
2 1) A: **May** I open the window?
B: Yes, you **may**. / No, you **may not**.
2) She **may** know his number.
3 1) He **will** be 16 next year.
2) I **won't[will not]** give up on my dream.
3) **Will** you help me with my homework?
4 1) We **must** finish the work by Friday.
You **have to** wait your turn.
2) You **mustn't[must not]** forget the date.
3) You **don't have to** go to school today.
4) She **must** be tired. She stayed up all night.
5 You **should[ought to]** be more patient.

1 1) 나는 3개 국어를 말할 수 있다.
2) 당신의 신분증을 볼 수 있을까요?
3) 그것은 사실일 리가 없다.
2 1) A: 창문을 열어도 될까요?
B: 네, 그러세요. / 아니오, 안됩니다.
2) 그녀는 그의 번호를 알지도 모른다.
3 1) 그는 내년에 16살이 될 것이다.
2) 나는 내 꿈을 포기하지 않을 것이다.
3) 내 숙제를 도와줄래?
4 1) 우리는 그 일을 금요일까지 마쳐야 한다.
너는 네 차례를 기다려야 한다.
2) 너는 그 날짜를 잊어서는 안 된다.
3) 너는 오늘 학교에 갈 필요가 없다.
4) 그녀는 틀림없이 피곤할 것이다. 그녀는 밤을 꼬박 새웠다.
5 너는 더 참을성이 있어야 한다.

1 **can, could(과거형)**
1) 능력, 가능(…할 수 있다) 2) 허가, 요청(…할 수 있다) 3) 부정적 추측(…일 리가 없다)
cf. 능력, 가능을 나타내는 can은 be able to-v로 바꿔 쓸 수 있음 (← I **am able to** speak three languages.)
2 **may, might(과거형):** 1) 허가, 요청(…해도 좋다) 2) 추측, 가능성(…일지도 모른다)
3 **will, would(과거형):** 1) 미래(…일 것이다) 2) 의지(…할 것이다) 3) 제안, 요청(…해 줄래요?)
4 **must/have to**
1) 의무(…해야 한다) 2) 금지(…하면 안 된다) 3) 불필요(…할 필요가 없다) 4) 추측(…임에 틀림없다)
5 **should/ought to:** 의무(…해야 한다)

> 독해 비법
> **must/have to/should/ought to의 의미 차이**
> must와 have to는 필요나 규칙에 의한 의무를, should와 ought to는 비강제적인 윤리적 의무를 나타낸다.
> All the members **must[have to]** follow the rules. 모든 회원들은 규칙을 따라야 한다.
> You **should[ought to]** behave yourself. 너는 점잖게 행동해야 한다.

Check-up 다음 문장을 해석하시오.

1 She can drive a car. → ____________________
2 This ring must be expensive. → ____________________
3 What should I do to help him? → ____________________
4 You mustn't talk loudly in the library. → ____________________

B 「조동사+have v-ed」

1 1) He **can't have lied.**
2) Andy **may have forgotten** my name.
3) You **must have been** surprised.
4) I **should have gotten up** earlier.
We **shouldn't have wasted** our time.

1 1) 그가 거짓말을 했을 리가 없다.
2) Andy는 내 이름을 잊어버렸을지도 모른다.
3) 너는 놀랐던 것이 틀림없다.
4) 나는 더 일찍 일어났어야만 했다.
우리는 시간을 허비하지 말았어야 했다.

1 과거의 일에 대한 추측, 후회, 비난을 나타냄
1) can't[couldn't] have v-ed: '…했을 리가 없다'
2) may[might] have v-ed: '…했을지도 모른다'
3) must have v-ed: '…했음에 틀림없다'
4) should[shouldn't] have v-ed: '…했어야[하지 말았어야] 했다'

Check-up **다음 ( ) 안에 주어진 동사를 이용하여 문장을 완성한 후, 각 문장을 해석하시오.**

1 She couldn't have ________ that. (say) → ______________________
2 He must have ________ the rumor. (hear) → ______________________
3 You should have ________ her face. (see) → ______________________

C 조동사를 포함한 주요 표현

1 1) He **used to** go hiking on Sundays.
2) You **had better** leave early.
3) I **would rather** stay home. It is cold.
4) Lily **may well** be angry. Tom was very rude.
5) You **may as well** get some rest.

1 1) 그는 일요일마다 등산을 가곤 했다.
2) 너는 일찍 출발하는 것이 좋을 것이다.
3) 나는 집에 있는 것이 더 낫겠다. 춥다.
4) Lily가 화를 내는 것도 당연하다. Tom은 매우 무례했다.
5) 너는 좀 쉬는 것이 좋겠다.

1 1) used to: '…하곤 했다', '(예전에) …였다', 과거에 반복되던 습관이나 지속된 상태
2) had better: '…하는 것이 좋을 것이다'
3) would rather: '(차라리) …하는 것이 더 낫다', 선택의 상황에 쓰임
4) may well: '…하는 것도 당연하다'
5) may[might] as well: '(그나마) …하는 편이 제일 낫겠다'

> 독해 비법
> **had better (not)의 의미와 쓰임**
> 충고할 때 쓰는 표현으로, 따르지 않으면 불이익이 있을 수 있다는 강한 의미를 내포한다.
> You **had better not** smoke. It harms your health. 흡연을 하지 않는 것이 좋겠다. 그것은 당신의 건강을 해친다.

Check-up **우리말과 일치하도록 문장을 완성하시오.**

1 그가 그렇게 생각하는 것도 당연하다. → He ________ think so.
2 너는 의사에게 가보는 것이 좋을 것이다. → You ________ see a doctor.
3 나는 이 원피스를 입는 것이 더 낫겠다. → I ________ wear this dress.

Sentence Writing with Grammar

우리말과 일치하도록 (　　) 안에 주어진 단어를 이용하여 문장을 완성하시오.

1 Stephanie는 중국어를 말할 수 있다. (speak Chinese)

____

▶ '…할 수 있다'라는 가능의 의미는 조동사 can이나 be able to-v를 써서 나타낼 수 있다.

2 그 강아지는 배가 고픈 것이 틀림없다. (the puppy, hungry)

____

▶ '…이 틀림없다'라는 강한 추측은 조동사 must를 써서 나타낼 수 있다.

3 네가 본 사람은 James일 리가 없다. (see, be)

The person whom ______________________________.

▶ '…일 리가 없다'라는 강한 부정적 추측은 부정형 조동사인 can't를 써서 나타낼 수 있다.

4 그는 하와이에 가봤을지도 모른다. (visit, Hawaii)

____

▶ '…했을지도 모른다'라는 과거의 일에 대한 추측은 may have v-ed를 써서 나타낼 수 있다.

5 그녀는 매우 아팠던 것이 틀림없다. (sick)

____

▶ '…했던 것이 틀림없다'라는 과거의 일에 대한 강한 추측은 must have v-ed를 써서 나타낼 수 있다.

6 너는 어제 그 파티에 참석했어야 했다. (attend the party)

______________________________ yesterday.

▶ '…했어야 했다'라는 과거에 하지 않은 일에 대한 후회나 유감은 should have v-ed를 써서 나타낼 수 있다.

7 그는 아침 일찍 조깅을 하러 가곤 했다. (go jogging, in the morning)

____

▶ '…하곤 했다'라는 과거에 반복되던 습관은 조동사 used to를 써서 나타낼 수 있다.

8 그의 부모님이 그를 자랑스러워하는 것도 당연하다. (parents, well, be proud of)

____

▶ '…하는 것도 당연하다'는 조동사를 포함한 표현인 may well을 써서 나타낼 수 있다.

A

Honeybees are dying all over the world. You **may** not think this is a serious problem, but it **can** be life-threatening. Honeybees play an important role in producing crops. Quite a few fruits and vegetables **can't** be produced without them. One time, a US supermarket checked how many products are made with the help of honeybees. Out of the 453 items on their shelves, 237 were related to honeybees. That's 52% of their products!

A
- 추측을 나타내는 조동사
- 가능을 나타내는 조동사

honeybee [hʌ́nibìː] 명 꿀벌
life-threatening [laifθrétniŋ] 형 생명을 위협하는
crop [krɑp] 명 (농)작물
shelf [ʃelf] 명 선반

1 위 글의 밑줄 친 may와 같은 용법으로 쓰인 것은?

① May I come in?
② We may travel wherever we want.
③ I may be late, so don't wait for me.
④ No one may enter without a ticket.
⑤ When you finish your work, you may leave.

B

Jimmy **used to** be a night guard at a factory. One morning, he said to the factory owner, "I heard that you are flying to Los Angeles today. You **must not** go!" The owner asked, "What do you mean?" "I had a bad dream last night. Your plane crashed in the dream!" said Jimmy. "I don't believe in dreams," said the factory owner angrily. He continued, "You ______________ find another job. You **shouldn't have been sleeping** at work!"

B
- 과거의 습관을 나타내는 조동사
- 금지를 나타내는 조동사
- 과거의 일에 대한 비난을 나타내는 조동사

night guard 야간 경비원
factory [fǽktəri] 명 공장
owner [óunər] 명 주인, 소유주
crash [kræʃ] 동 충돌하다; *(항공기가) 추락하다

서술형

1 다음 질문에 대한 답을 우리말로 쓰시오.

Why was the factory owner angry at Jimmy?

2 위 글의 빈칸에 들어갈 말로 가장 알맞은 것은?

① may ② can't ③ had to
④ used to ⑤ had better

Actual Reading

01

Q: I am very shy. It is hard for me to speak in front of people. I get nervous when the room is full of new faces. Why do I feel shy? *What **should** I do?

A: Almost everyone feels shy from time to time. You ______(A)______ worry about it. Of course, some people **can** be shier than others. *It **may** mean that they are thoughtful, sensitive and careful people. So they are more likely to feel uncomfortable around new people or in unfamiliar situations. *If you want to feel more comfortable, remember that shyness **will** pass. You ______(B)______ think that a new situation **can** be something exciting. Also, talking about your feelings with a person you trust can help.

서술형

1 위 글의 조언을 아래와 같이 요약할 때, 빈칸에 알맞은 말을 본문에서 찾아 쓰시오.

> It is natural for you to feel ________ in new situations. To feel more ________, try to be positive and share your feelings.

2 위 글의 빈칸 (A)와 (B)에 들어갈 말이 바르게 짝지어진 것은?

	(A)		(B)
①	can't	–	may well
②	must not	–	may well
③	can't	–	ought to
④	don't have to	–	ought to
⑤	don't have to	–	would like to

3 위 글에서 별표(*)가 표시된 문장을 모두 해석하시오.

shy[ʃai] ⓗ 부끄러움을 많이 타는 (ⓜ shyness 수줍음) nervous[nə́ːrvəs] ⓗ 불안해하는 from time to time 가끔, 이따금 thoughtful[θɔ́ːtfəl] ⓗ 사려 깊은 sensitive[sénsətiv] ⓗ 세심한 unfamiliar[ʌnfəmíliər] ⓗ 익숙하지 않은, 낯선 situation[sìtʃuéiʃən] ⓜ 상황, 환경 trust[trʌst] ⓢ 신뢰하다 [문제] share[ʃɛər] ⓢ 공유하다

02

*You **may have switched** the first sounds of two words before. For example, you **may have said** "Beeping Sleauty" when you meant "Sleeping Beauty." This is called a "spoonerism." It is named after Dr. William Spooner, a lecturer at Oxford University in England. Spooner 박사는 매우 자주 이런 종류의 실수를 저지르곤 했다. *One time, he said "fighting a liar," but he **should have said** "lighting a fire." It is said that his nervous personality and poor eyesight **may have caused** the problem. We **can** find many other interesting examples around us. You **may** say "I want to hear a bad salad," when you actually try to say "I want to hear a sad ballad." It **can** happen by accident, or you **can** do it on purpose. Either way, the results **can** be both funny and embarrassing!

1 위 글에서 Spooner 박사가 말실수를 저질렀던 이유로 언급된 것은? (두 개)

① 영어를 못해서
② 성격이 급해서
③ 시력이 나빠서
④ 장난을 좋아해서
⑤ 성격이 과민해서

서술형

2 위 글의 밑줄 친 우리말에 맞게 (   ) 안에 주어진 단어를 이용하여 문장을 완성하시오.

______________________________ very often.
(Dr. Spooner, make, kind, mistake)

3 위 글에서 별표(*)가 표시된 문장을 모두 해석하시오.

switch [switʃ] ⓢ 바꾸다 lecturer [léktʃərər] ⓜ 강사, 교수 personality [pə̀rsənǽləti] ⓜ 성격 eyesight [áisàit] ⓜ 시력 cause [kɔːz] ⓢ 야기하다, 초래하다 by accident 우연히 on purpose 고의로 embarrassing [imbǽrəsiŋ] ⓗ 난처한, 당혹스러운

Word Review

다음 영어 단어의 우리말 뜻을 적으시오.

1 attach	______	21 run over	______
2 unique	______	22 torch	______
3 instrument	______	23 participate in	______
4 look for	______	24 auction	______
5 successful	______	25 identity	______
6 predict	______	26 reveal	______
7 advance	______	27 addiction	______
8 improve	______	28 smooth	______
9 disappear	______	29 farther	______
10 resemble	______	30 reduce	______
11 fake	______	31 be proud of	______
12 expert	______	32 crash	______
13 creative	______	33 nervous	______
14 purchase	______	34 switch	______
15 reach	______	35 lecturer	______
16 ingredient	______	36 personality	______
17 ancestor	______	37 eyesight	______
18 submarine	______	38 by accident	______
19 invention	______	39 on purpose	______
20 supply	______	40 embarrassing	______

Chapter 3

수식어구의 이해

Unit 1 형용사적 수식어구 | **Unit 2** 부사적 수식어구

UNIT 1 | 형용사적 수식어구

(대)명사의 앞뒤에 붙는 수식어구로, 형용사(구), 전치사구, 부정사(구), 분사(구), 관계사절 등이 있음

A 형용사(구)와 전치사구

1 1) Nicholas is a **young** *boy*.
2) I prepared *something* **special** for him.
3) Joe likes *books* **full of illustrations.**
2 *The cup* **on the desk** is mine.

1 1) Nicholas는 어린 소년이다.
2) 나는 그를 위해 특별한 어떤 것을 준비했다.
3) Joe는 그림으로 가득 찬 책을 좋아한다.
2 책상 위에 있는 컵은 내 것이다.

1 형용사(구)
1) 형용사는 보통 앞에서 명사를 수식함
2) -thing, -body, -one 등으로 끝나는 대명사는 형용사가 뒤에서 수식함
3) 형용사가 구를 이루어 길어질 때 뒤에서 명사를 수식함

2 전치사구: 뒤에서 명사를 수식함

Check-up **다음 (　) 안의 말을 바르게 배열하여 문장을 완성하시오.**

1 (singer / a / is / famous / she). → ____________________
2 (anything / is / wrong / there)? → ____________________
3 (good at French / met / I / a girl). → ____________________
4 (know / to the station / the way / you / do)? → ____________________

B to부정사(구)

1 When is *the best time* **to visit Korea**?
He has *no friends* **to talk with.**

1 한국을 방문하기에 가장 좋은 때는 언제인가요?
그는 이야기를 나눌 친구가 없다.

1 형용사적 용법의 to부정사: 앞의 명사를 수식함
※ 전치사를 동반하는 동사의 to부정사는 「to-v+전치사」 형태로 씀
Harry is looking for a house **to live in**. Harry는 살 집을 찾고 있다.

Check-up **다음 (　) 안의 말을 바르게 배열하여 문장을 완성하시오.**

1 (to sit / no chair / is / there / on). → ____________________
2 (need / a pen / with / I / to write). → ____________________
3 (bought / to eat / something / I). → ____________________
4 (found / to solve / a way / the problem / he). → ____________________

C 분사(구)

1 1) Tracy gave milk to the **crying** *baby*.
2) *The girl* **wearing a blue shirt** is Kim.
2 She was waiting at the **locked** *door*.
He bought *a car* **made in Germany**.

1 1) Tracy는 울고 있는 아기에게 우유를 주었다.
2) 파란색 셔츠를 입고 있는 소녀가 Kim이다.
2 그녀는 잠긴 문 앞에서 기다리고 있었다.
그는 독일에서 만들어진 차를 샀다.

1 **현재분사(v-ing):** '…하는', '…하고 있는'의 뜻으로, 능동, 진행의 의미를 나타냄
1) 단독으로 앞에서 명사를 수식
2) 목적어나 수식어 등을 포함하여 길어질 경우 뒤에서 명사를 수식
2 **과거분사(v-ed):** '…된'의 뜻으로, 수동, 완료의 의미를 나타냄
• 현재분사와 마찬가지로 앞뒤에서 명사를 수식함

독해 비법
형용사화된 분사
일부 분사의 경우 형용사로 굳어져 사용된다.
현재분사: interesting(재미있는), exciting(신나는), boring(지루한), amazing(놀라운), shocking(충격적인) 등
과거분사: interested(관심이 있는), excited(흥분한), bored(지루해하는), amazed(놀란), shocked(충격 받은) 등
She told her friends an **interesting** story. 그녀는 친구들에게 재미있는 이야기를 말해주었다.
Anyone **interested** can join the club. 관심 있는 사람은 누구나 동아리에 가입할 수 있다.

Check-up 다음 ( ) 안에 주어진 동사를 알맞은 형태로 쓴 후, 각 문장을 해석하시오.

1 Who is the ________ girl? (sing) → ____________________
2 She has a horse ________ Nelly. (call) → ____________________
3 The police found the ________ wallet. (steal) → ____________________
4 The man ________ on the stage is the director. (stand) → ____________________

D 관계사절

1 *The boy* **who played Romeo** is Tom.
2 I need *a place* **where I can change clothes**.

1 로미오를 연기한 소년이 Tom이다.
2 나는 옷을 갈아입을 장소가 필요하다.

1 **관계대명사절:** 사람, 동물, 사물 등의 명사(선행사)를 뒤에서 수식함
2 **관계부사절:** 시간, 장소, 이유, 방법 등을 나타내는 명사(선행사)를 뒤에서 수식함

Check-up 다음 문장에서 밑줄 친 부분을 수식하고 있는 절을 찾아 밑줄을 그은 후, 각 문장을 해석하시오.

1 I know <u>the family</u> who lives next door. → ____________________
2 <u>The day</u> when the final exams start is coming. → ____________________
3 They left <u>the hotel</u> where they stayed for a week. → ____________________
4 <u>A cat</u> which looks scared is hiding under the bed. → ____________________

Sentence Writing with Grammar

우리말과 일치하도록 (   ) 안에 주어진 단어를 이용하여 문장을 완성하시오.

1 나는 달콤한 것을 먹고 싶다. (want, something, sweet)

____

▶ -thing으로 끝나는 대명사는 형용사가 뒤에서 수식한다.

2 우리는 초콜릿으로 유명한 한 도시로 여행을 갔다. (travel to a city, famous for)

______________________________ its chocolate.

▶ 형용사가 구를 이루어 길어질 경우 명사 뒤에서 명사를 수식한다.

3 박물관 뒤에 있는 저 건물이 우리 학교다. (building, behind, the museum)

____

▶ 명사를 수식하는 전치사구는 명사 뒤에 와야 한다.

4 Rachel은 새 컴퓨터를 살 돈이 없었다. (no money, buy, computer)

____

▶ 명사를 수식하는 to부정사는 명사 뒤에 와야 한다.

5 나는 걱정할 것이 아무것도 없다. (nothing, worry about)

____

▶ 전치사를 동반하는 동사의 to부정사는 「to-v+전치사」의 형태로 쓴다.

6 소방관 세 명이 그 불타고 있는 집으로 달려갔다. (firefighter, run into, burn, house)

____

▶ '…하고 있는'의 수식어는 현재분사로 나타내며, 단독으로 명사를 수식할 경우 명사 앞에 와야 한다.

7 그들은 눈으로 덮인 그 거리 위를 걸었다. (walk on the street, cover with, snow)

____

▶ '…된'의 수식어는 과거분사로 나타내며, 수식어를 포함하여 길어질 경우 명사 뒤에 와야 한다.

8 나는 그녀가 새 원피스를 산 그 가게에 갔다. (the store, where, buy, dress)

____

▶ 명사(선행사)를 수식하는 관계부사절은 명사 뒤에 와야 한다.

A

For most of us, pieces of old gum (A) [stick / stuck] to the sidewalk are gross. But for Ben Wilson, an artist (B) [living / lived] in London, they are tiny canvases. He finds used pieces of gum **on the sidewalk** and paints them. Each piece of gum is just a few centimeters long. So he has to lie down to complete his work. But thanks to Ben Wilson, streets **full of dirty gum marks** have become gum art streets.

*gross 역겨운

1 위 글의 내용으로 보아 Ben Wilson을 묘사하는 말로 가장 알맞은 것은?

① shy ② lazy ③ rude
④ childish ⑤ creative

2 위 글의 (A)와 (B)의 각 네모 안에서 어법에 맞는 표현을 골라 쓰시오.

(A) ______________ (B) ______________

A
• 분사구
• 전치사구
• 형용사구

stick[stik] 동 찌르다; *달라붙다 (stick-stuck-stuck)
sidewalk[sáidwɔ̀ːk] 명 인도
tiny[táini] 형 아주 작은
complete[kəmplíːt] 동 완료하다, 끝마치다
[문제]
rude[ruːd] 형 무례한
childish[tʃáildiʃ] 형 유치한

B

Cats often use their eyes to communicate. For example, cats can scare others with a long stare. However, their slow blink, **called a "cat kiss,"** is a way to show that they are friendly. They use it to maintain good social relationships. Humans can try it, too. The next time you see a kitty **staring at you**, slowly blink at it. If the cat likes you, it will reply with a cat kiss.

1 위 글의 밑줄 친 to show와 같은 용법으로 쓰인 것은?

① This book is difficult to understand.
② She went to Canada to visit her friend.
③ His plan is to finish the work by tomorrow.
④ We have lots of things to do on the weekend.
⑤ I'm very happy to hear that you passed the exam.

B
• 분사구
• to부정사구

communicate[kəmjúːnəkèit] 동 의사소통을 하다
scare[skɛər] 동 겁주다
stare[stɛər] 명 응시 동 응시하다
blink[bliŋk] 명 눈을 깜빡거림 동 눈을 깜빡이다
maintain[meintéin] 동 유지하다
kitty[kíti] 명 새끼 고양이
reply[riplái] 동 대답하다

Actual Reading

01

When you see the sun **in the sky**, do you ever wonder why it looks yellow? There are two reasons **for this**. The first one is the sun's hot temperature. The sun's surface gets up to 6,000 degrees Celsius. *This makes the sun give off light **that appears yellow**. If the sun were cooler or hotter, it might look red or blue. Earth's atmosphere also makes the sun look yellow. <u>When sunlight enters the atmosphere, the many colors containing within the light separate</u>. The blue and violet light spread out as they move through the sky. *The **remaining** light gives the sun its yellow color. When all of the colors of sunlight are together, they make white light. So without our atmosphere, the sun would appear whiter!

서술형

1 다음 질문에 대한 답을 본문에서 찾아 영어로 쓰시오.

What are the two things that make the sun appear yellow?

1) ____________________ 2) ____________________

2 위 글의 밑줄 친 문장에서 어법상 <u>틀린</u> 부분을 찾아 바르게 고쳐 쓰시오.

____________ → ____________

3 위 글에서 별표(*)가 표시된 문장을 모두 해석하시오.

wonder[wʌ́ndər] (동) 궁금해하다 temperature[témpərətʃər] (명) 온도, 기온 surface[sə́ːrfis] (명) 표면 degree[digríː] (명) (온도 단위인) 도 Celsius[sélsiəs] (형) 섭씨의 give off 내다, 발하다 atmosphere[ǽtməsfìər] (명) 대기 contain[kəntéin] (동) 들어 있다 separate[sépəreit] (동) 분리되다, 나뉘다 violet[váiəlit] (명) 보라색 spread out 떨어져 나가다, 흩어지다

02

Although smartphones have made our lives easier, charging them is still inconvenient. A smartphone needs a charger and an electrical socket plug it into. But soon, it may be possible to charge your phone without them thanks to wireless electricity! Actually, this is not a new idea. The idea of using wireless electricity has a long history. It was first suggested by Nikola Tesla in the 19th century. Since then, scientists have been developing and improving it. To use this technology, we need two coils: a transmitting coil and a receiving coil. *The transmitting coils **placed in public places** will change electricity into a magnetic field. *Then the receiving coils **in the phone batteries** will take it and change it into electricity again. With this technology, you could charge your phone's battery wirelessly!

*transmitting 송신의 *magnetic field 자기장

1 위 글의 주제로 가장 알맞은 것은?

① 스마트기기 발달의 역사
② 위대한 전기 과학자의 일생
③ 무선 전기 충전 방식의 원리
④ 전기 생산 방식의 새로운 변화
⑤ 휴대전화 오작동의 원인과 해결책

2 위 글의 밑줄 친 동사 plug를 알맞은 형태로 고쳐 쓰시오.

____

3 위 글에서 별표(*)가 표시된 문장을 모두 해석하시오.

inconvenient [ìnkənví:njənt] 형 불편한 charger [tʃɑ́:rdʒər] 명 충전기 (동 charge 충전하다) electrical [iléktrikəl] 형 전기의 (명 electricity 전기) socket [sɑ́kit] 명 콘센트 wireless [wáiərlis] 형 무선의 (부 wirelessly 무선으로) suggest [səgdʒést] 동 제안하다 improve [imprú:v] 동 개선하다 coil [kɔil] 명 (둥글게 감아 놓은) 전선, 코일 receive [risí:v] 동 받다

UNIT 2 | 부사적 수식어구

동사, 형용사, 부사, 문장 전체 등을 꾸며주는 수식어구로, 부사, 전치사구, to부정사(구) 등이 있음

A 부사와 전치사구

1 1) This book is **very** *difficult*.
2) The man *is speaking* **slowly**.
3) The car wasn't *fast* **enough**.
4) **Luckily**, they got the concert tickets.

2 1) They *went out* **for a walk**.
2) Tom is *famous* **in his country**.
3) She sat *close* **to the front door**.

1 1) 이 책은 매우 어렵다.
2) 그 남자는 천천히 말하고 있다.
3) 그 차는 충분히 빠르지 않았다.
4) 운 좋게도 그들은 콘서트 표를 구했다.

2 1) 그들은 산책을 하러 나갔다.
2) Tom은 그의 나라에서 유명하다.
3) 그녀는 앞문 가까이에 앉았다.

1 **부사:** 1) 앞에서 형용사나 다른 부사를 수식
2) 동사 뒤나 문장 끝에서 동사를 수식
cf. 장소·시간 부사는 보통 문장의 끝에, 빈도부사는 보통 일반동사 앞이나 be동사, 조동사 뒤에 위치
3) 부사 enough는 뒤에서 동사, 형용사, 다른 부사를 수식 4) 문장 맨 앞에서 문장 전체를 수식

2 **전치사구:** 1) 동사 수식 2) 형용사 수식 3) 부사 수식

> 독해 비법
> 전치사구 「**with** + 목적어 + 분사 / 형용사 / 부사」의 해석
> 어떤 동작이나 상태가 동시에 일어나고 있음을 나타내며, '(목적어가) …인 채로'라고 해석한다.
> Don't leave your room **with the windows open**. 창문을 열어둔 채로 방을 떠나지 마라.

Check-up 다음 문장에서 밑줄 친 부분을 수식하는 어구에 밑줄을 그은 후, 각 문장을 해석하시오.

1 The movie will begin soon. → ____________________
2 She hasn't studied enough. → ____________________
3 Surprisingly, he became an actor. → ____________________

B 부사처럼 쓰이는 to부정사 I

1 1) We went to the store **to buy** tomatoes.
2) I am glad **to see** you again.
3) The girl grew up **to be** a famous writer.
He studied hard **only to fail** the exam.
4) He must be strong **to lift** that desk.
5) You may be surprised **to hear** Dan sing.
6) This question is difficult **to answer**.

1 1) 우리는 토마토를 사러 가게에 갔다.
2) 너를 다시 보게 되어서 기뻐.
3) 그 소녀는 자라서 유명한 작가가 되었다.
그는 열심히 공부했지만 시험에 떨어졌다.
4) 그 책상을 들다니 그는 힘센 것이 틀림없다.
5) 너는 Dan이 노래하는 것을 들으면 놀랄 지도 모른다.
6) 이 질문은 대답하기 어렵다.

1 부사적 용법의 to부정사: 부사처럼 쓰이며, 동사, 형용사, 부사 등을 수식함

1) 목적: '…하기 위해', '…하러'
2) 감정의 원인: '…해서', '…하니'
3) 결과: '…해서 (결국) ~하다,' '…하지만 (결국) ~하다'
4) 이유·판단의 근거: '…하다니', '…하는 것을 보니'
5) 조건: '(만약) …한다면'
6) 형용사 수식: '…하기에 (~하다)'의 의미로, 관용적으로 쓰이는 경우가 많음
   - be easy to-v: '…하기 쉽다'
   - be likely to-v: '…할 것 같다'
   - be sure to-v: '반드시 …하다'
   - be afraid to-v: '…하는 것을 두려워하다'
   - be ready to-v: '…할 준비가 되어 있다'

Check-up 다음 문장을 해석하시오.

1 Paul is ready to go on vacation. → ______________________
2 You will be pleased to meet Sam. → ______________________
3 He was surprised to hear the news. → ______________________
4 She turned on the light to read a book. → ______________________
5 I went to the bank only to find it closed. → ______________________

C 부사처럼 쓰이는 to부정사 II

1 1) You are **too** young **to travel** alone.
  2) Irene is smart **enough to solve** the problem.
2 **To tell (you) the truth**, he likes you.

1 1) 너는 혼자 여행하기에는 너무 어리다.
  2) Irene는 그 문제를 풀 수 있을 만큼 똑똑하다.
2 사실을 말하자면, 그는 너를 좋아한다.

1 정도·결과를 나타내는 관용표현

1) too+형용사/부사+to-v: '너무 …해서 ~할 수 없다', '…하기에 너무 ~하다'
2) 형용사/부사+enough to-v: '…할 만큼 충분히 ~한'

2 독립부정사: 문장 전체를 수식하며, 관용적으로 쓰임

- to begin with: '우선', '먼저'
- to make matters worse: '설상가상으로'
- so to speak: '말하자면'
- strange to say: '이상한 이야기지만'
- to be honest: '사실은', '솔직히 말해서'
- not to mention: '…은 말할 것도 없이'

독해 비법 「too+형용사/부사+to-v」, 「형용사/부사+enough to-v」의 대체 표현
각각 「so+형용사/부사+that 주어 can't」, 「so+형용사/부사+that 주어 can」으로 바꿔 쓸 수 있다.
You are **too** young **to travel** alone. → You are **so** young **that** you **can't** travel alone.
Irene is smart **enough to solve** the problem. → Irene is **so** smart **that** she **can** solve the problem.

Check-up 우리말과 일치하도록 (   ) 안의 말을 이용하여 문장을 완성하시오.

1 나는 너무 바빠서 파티에 갈 수 없었다. (so, busy, go) → ______________ to the party.
2 너무 추워서 바다에서 수영할 수 없다. (too, cold, swim) → ______________ in the sea.
3 그는 차를 운전할 만큼 충분히 나이를 들었다. (old, enough, drive) → ______________ a car.

Sentence Writing with Grammar

우리말과 일치하도록 (   ) 안에 주어진 단어를 이용하여 문장을 완성하시오.

1 오늘 아침에 Billy는 일찍 일어났다. (get up, early)

This morning, ______________________________________.

▶ 부사는 동사 뒤나 문장 끝에서 동사를 수식한다.

2 그녀는 양팔을 벌린 채로 그들을 환영했다. (welcome, with, arm, open)

____

▶ '(목적어가) …인 채로'는 「with+목적어+형용사」 구문을 써서 나타낸다.

3 Eric은 Olivia를 만나기 위해 공항에 갔다. (the airport, meet)

____

▶ '…하기 위해'는 목적을 나타내는 부사적 용법의 to부정사를 써서 나타낼 수 있다.

4 그는 시험에 통과해서 기뻤다. (happy, pass the exam)

____

▶ '…해서 기쁘다'는 감정의 원인을 나타내는 부사적 용법의 to부정사를 써서 나타낼 수 있다.

5 곧 비가 올 것이 확실하다. (sure, rain)

______________________________________ soon.

▶ '확실히 …하다'는 관용표현인 be sure to-v로 나타낼 수 있다.

6 그들은 너무 지쳐서 똑바로 서 있을 수 없었다. (too, tired, stand up straight)

____

▶ '너무 …해서 ~할 수 없다'는 「too+형용사/부사+to-v」 구문을 써서 나타낸다.

7 이 책은 한 시간 안에 다 읽을 만큼 충분히 짧다. (short, enough, finish, in an hour)

____

▶ '…할 만큼 충분히 ~하다'는 「형용사/부사+enough to-v」 구문을 써서 나타낸다.

8 솔직히 말해서, 나는 네 책을 잃어버렸다. (honest, lose)

____

▶ '솔직히 말해서'는 독립부정사로 문장 맨 앞에 쓴다.

A

Your skin is red and swollen **from mosquito bites**, but everyone else's skin is fine. Why is that? (to get / more likely / bitten / are / people with type O blood). They get bitten twice as often as people with type A blood. Also, larger people attract more mosquitoes. They send out more CO_2, which mosquitoes like. Mosquitoes also like a high body temperature and sweat. So if you exercise **hard**, more mosquitoes will land on you!

1 위 글에 따르면 모기에 가장 잘 물릴 것 같은 사람은?

① 활동적인 A형 어린이
② 키가 작은 O형 어린이
③ 체격이 좋은 A형 어른
④ 피부가 하얀 A형 어른
⑤ 운동을 좋아하는 O형 어른

서술형

2 위 글의 ( ) 안에 주어진 단어를 바르게 배열하여 문장을 완성하시오.

____

B

When you see a Segway, you may wonder if it is a bicycle or a motorcycle. It is neither! It is a one-person vehicle that has many good points. First, a Segway has two wheels **side by side**. So it is small enough (A) park anywhere. Second, it is eco-friendly because it runs **on batteries, not on gasoline**. Third, it is **very** simple (B) ride. You can learn how to ride it **very quickly**!

1 세그웨이에 관한 설명 중 위 글의 내용과 일치하지 않는 것은?

① 1인용 차량이다.
② 바퀴가 2개이다.
③ 주차하기 편리하다.
④ 휘발유로 움직인다.
⑤ 운전 방법이 간단하다.

2 위 글의 밑줄 친 동사 (A)와 (B)를 알맞은 형태로 고쳐 쓰시오.

(A) ______________ (B) ______________

Basic Reading

A
• 전치사구의 수식
• 부사적 용법의 to부정사

swollen [swóulən] 형 부어 오른
mosquito [məskí:tou] 명 모기
bite [bait] 명 (곤충 등에) 물린 자국 동 (곤충 등이) 물다 (bite-bit-bitten)
attract [ətrǽkt] 동 끌어들이다, 끌어 모으다
temperature [témpərətʃər] 명 온도
sweat [swet] 명 땀
land [lænd] 동 내려 앉다

B
• 부사구의 수식
• 전치사구의 수식

motorcycle [móutərsàikl] 명 오토바이
vehicle [ví:ikl] 명 탈것, 차량
wheel [wi:l] 명 바퀴
park [pɑ:rk] 동 주차하다
eco-friendly [ékoufréndli] 형 친환경적인, 환경 친화적인
gasoline [gǽsəlì:n] 명 휘발유
ride [raid] 동 (자전거·오토바이 등을) 타다[몰다]

Actual Reading

01

Astronauts train a lot ________________________. When a spaceship takes off **from the ground**, it has to fight gravity. To the astronauts, it feels like they are **very** heavy. **To prepare** for this, they train **on a machine** called a centrifuge. *The machine spins astronauts around **very quickly** and pushes down on them **with great force**. This helps them get used to the pressure at the time of take-off. On the other hand, astronauts are weightless **in space**. **Without gravity**, (A) <u>they are so light that they can float around the spaceship</u> like a balloon. But it isn't easy for them to move or walk **freely**. *Because of this, astronauts train **under water to learn** how to move **in space**. *Objects feel **much** lighter **under water**, like they do **in space**.

*centrifuge 원심 분리기

1 위 글의 빈칸에 들어갈 말로 가장 알맞은 것은?

① to lose weight
② to overcome fear
③ to become strong
④ to be good at flying
⑤ to handle changes in gravity

서술형

2 위 글의 밑줄 친 (A)를 enough to 구문을 이용하여 바꾸시오.

____

3 위 글에서 별표(*)가 표시된 문장을 모두 해석하시오.

astronaut[ǽstrənɔ̀ːt] 명 우주 비행사 spaceship[spéisʃìp] 명 우주선 take off 이륙하다 gravity[grǽvəti] 명 중력 prepare for …을 준비하다 spin[spin] 동 (빙빙) 돌다; 돌리다 force[fɔːrs] 명 힘 pressure[préʃər] 명 압력 weightless[wéitlis] 형 무게가 없는, 무중력의 light[lait] 형 가벼운 float[flout] 동 (공중에서) 떠돌다 object[ɑ́bdʒikt] 명 물체 [문제] weight[weit] 명 무게 overcome[òuvərkʌ́m] 동 극복하다 handle[hǽndl] 동 다루다, 다스리다

02

Americans **always** have a roast turkey for Thanksgiving dinner. But turkeys aren't the (A) much delicious food. And they aren't the cheapest food, either. Then why did turkeys become the main Thanksgiving food? The tradition dates back hundreds of years. *In the 16th century, people in England ate roast geese **at harvest celebrations**. Early American settlers brought this tradition to the New World. But geese were rare at that time, while wild turkeys were more (B) easy found. *Also, one turkey was big **enough to feed** a whole family. Therefore, geese were replaced with turkeys instead of more useful animals, such as hens or cows. In this way, a new tradition began.

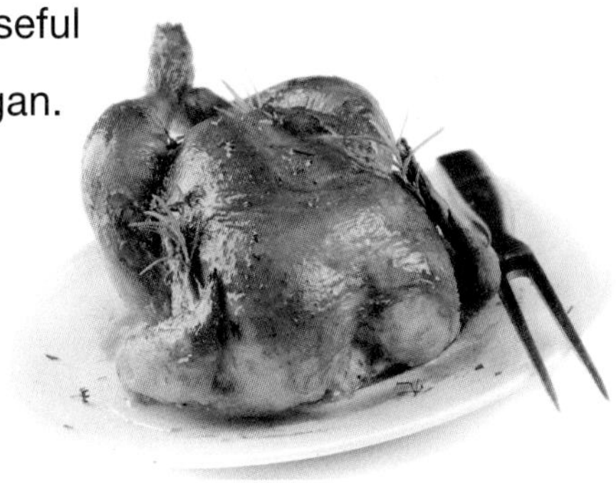

1 위 글의 주제로 가장 알맞은 것은?

① 칠면조의 영양학적 가치
② 전통 칠면조 요리의 조리법
③ 추수감사절에 먹는 다양한 음식들
④ 추수감사절에 칠면조를 먹게 된 유래
⑤ 영국인들이 거위 요리를 즐겨 먹는 이유

2 위 글의 밑줄 친 (A)와 (B)를 알맞은 형태로 고쳐 쓰시오.

(A) ______________ (B) ______________

3 위 글에서 별표(*)가 표시된 문장을 모두 해석하시오.

roast[roust] 형 구운 turkey[tə́:rki] 명 칠면조 Thanksgiving[θæksgíviŋ] 명 추수감사절 date back 거슬러 올라가다 goose[gu:s] 명 거위 《*pl.* geese》 harvest[há:rvist] 명 수확 celebration[sèləbréiʃən] 명 축하[기념] 행사 settler[sétlər] 명 정착민 the New World 신세계(아메리카 대륙) rare[rɛər] 형 드문 replace[ripléis] 동 대체하다 hen[hen] 명 암탉

Word Review

다음 영어 단어의 우리말 뜻을 적으시오.

1 solve	______	21 straight	______
2 stage	______	22 honest	______
3 director	______	23 swollen	______
4 stick	______	24 mosquito	______
5 complete	______	25 attract	______
6 communicate	______	26 sweat	______
7 stare	______	27 vehicle	______
8 maintain	______	28 wheel	______
9 temperature	______	29 astronaut	______
10 surface	______	30 spaceship	______
11 degree	______	31 gravity	______
12 atmosphere	______	32 pressure	______
13 contain	______	33 float	______
14 separate	______	34 weight	______
15 violet	______	35 overcome	______
16 inconvenient	______	36 roast	______
17 charge	______	37 date back	______
18 wireless	______	38 harvest	______
19 suggest	______	39 rare	______
20 receive	______	40 replace	______

Chapter 4

문장의 연결

UNIT 1 | 관계사 1

A 관계대명사

1 1) He has *a sister* **who** has blond hair.
2) She has *a car* **which** is very expensive.
3) James made *a movie* **that** has a good story.
2 1) She knows *a boy* **whose** name is Brian.
2) He wore *a cap* **whose** color was red.
3 1) Jenny is *a girl* **who(m)** everybody likes.
2) *The cake* **which** she made for me is delicious.
3) I read *the book* **that** I checked out from the library.

1 1) 그는 금발 머리를 가진 여동생이 있다.
2) 그녀는 아주 비싼 차를 가지고 있다.
3) James는 좋은 이야기가 담긴 영화를 만들었다.
2 1) 그녀는 Brian이라는 이름의 소년을 안다.
2) 그는 색깔이 빨간 모자를 썼다.
3 1) Jenny는 모두가 좋아하는 소녀다.
2) 그녀가 내게 만들어준 케이크는 맛있다.
3) 나는 도서관에서 빌린 책을 읽었다.

1 주격 관계대명사 who, which, that: 선행사를 수식하는 관계사절에서 주어 역할을 함
1) 선행사가 사람인 경우 (← He has **a sister**. + **She** has blond hair.)
2) 선행사가 사물, 동물인 경우 (← She has **a car**. **It** is very expensive.)
3) who, which 대용 (← James made **a movie**. **The movie** has a good story.)

2 소유격 관계대명사 whose: 관계사절에서 소유격으로 사용되는 경우
1) 선행사가 사람인 경우 (← She knows **a boy**. + **His** name is Brian.)
2) 선행사가 사물, 동물인 경우 (← He wore **a cap**. + **Its** color was red.)
cf. 선행사가 사람이 아닐 경우 of which를 쓰기도 하지만, 잘 사용되지 않음

3 목적격 관계대명사 who(m), which, that: 관계사절에서 목적어 역할을 함
1) 선행사가 사람인 경우 (← Jenny is **a girl**. + Everybody likes **her**.)
2) 선행사가 사물, 동물인 경우 (← **The cake** is delicious. + She made **it** for me.)
3) who(m), which 대용 (← I read **the book**. + I checked **it** out from the library.)

독해 비법

1 관계대명사의 생략
목적격 관계대명사와 「주격 관계대명사 + be동사」는 생략이 가능하다.
I forgot to bring the homework **(that)** I did yesterday. 나는 어제 한 숙제를 가져오는 것을 잊었다.
The girl **(who is)** named Cindy is my sister. Cindy라는 이름의 소녀가 내 여동생이다.

2 관계대명사 that을 주로 사용하는 경우
선행사가 -thing으로 끝나는 대명사이거나 선행사 앞에 「the + 최상급 / 서수 / only / very」 등이 붙은 경우 관계대명사는 that을 사용한다.
Is there *anything* **that** I can help with? 제가 도울 것이 있나요?
This is *the only* picture **that** was painted by him. 이것이 그가 그린 유일한 그림이다.

Check-up 다음을 관계대명사를 이용하여 한 문장으로 바꿔 쓰시오.

1 I like my mom's pizza. It has lots of cheese. → ______________________
2 He entered the classroom. Its door was open. → ______________________
3 She played a song. All the students love the song. → ______________________

B 관계대명사 what

1 **What** I need is a new bicycle.
Show me **what** you brought.

1 내가 필요한 것은 새 자전거다.
내게 네가 가져온 것을 보여줘.

1 **명사절을 이끄는 관계대명사:** '…하는 것'의 의미로, 그 자체에 선행사가 포함되어 있음
cf. 관계대명사 what은 the thing which[that]로 바꿔 쓸 수 있음 (→ Show me **the thing which[that]** you brought.)

Check-up 다음 문장을 해석하시오.

1 I don't believe what he said. → ____________________
2 What he saw in the kitchen scared him. → ____________________

C 전치사의 목적어로 쓰이는 관계대명사

1 1) Terry is *my friend* **with whom** I saw the movie.
2) Terry is *my friend* **(who(m)[that])** I saw the movie **with**.
(← Terry is **my friend**. I saw the movie with **him**.)

1 Terry는 내가 함께 그 영화를 본 친구다.
(Terry는 내 친구다. 나는 그와 함께 그 영화를 봤다.)

1 **전치사의 위치**
1) 관계대명사의 앞, 이때 관계대명사 생략 불가
※ 목적격 관계대명사 that은 그 앞에 전치사를 쓸 수 없음
2) 관계사절의 끝, 이때 관계대명사 생략 가능

Check-up 다음을 관계대명사를 이용하여 한 문장으로 바꿔 쓰시오.

1 The road is dangerous. He is driving on it. → ____________________
2 He is the boy. I have been looking for him. → ____________________

D 관계대명사의 계속적 용법

1 I called *Paul*, **who** didn't answer.
She helped *Jim*, **whose** wallet was stolen.
I read *the novel*, **which** was really long.
He won the race, **which** made her happy.

1 나는 Paul을 불렀는데, 그는 대답하지 않았다.
그녀는 Jim을 도왔는데, 그는 자신의 지갑을 도난당했다.
나는 그 소설을 읽었는데, 그것은 정말 길었다.
그는 경주에서 우승했는데, 그것이 그녀를 기쁘게 했다.

1 **계속적 용법의 관계대명사:** 관계대명사 앞에 콤마(,)를 붙여 나타내고, 선행사를 보충 설명함
※ 계속적 용법의 관계대명사는 생략되지 않으며, 관계대명사 that과 what은 계속적 용법으로 쓰이지 않음

Check-up 다음 문장의 빈칸에 알맞은 관계대명사를 넣어 문장을 완성한 후, 각 문장을 해석하시오.

1 I heard the news, __________ surprised me. → ____________________
2 He has a friend, __________ brother is a singer. → ____________________

Sentence Writing with Grammar

우리말과 일치하도록 ( ) 안에 주어진 단어를 이용하여 문장을 완성하시오.

1 노래를 하고 있는 저 소년이 내 아들이다. (sing, son)

That boy ____.

▶ '저 소년이 내 아들이다'와 '그는 노래를 하고 있다'가 합쳐진 것으로, 선행사 '저 소년'이 다음 문장에서 주어 역할을 하므로 주격 관계대명사 who나 that을 쓴다.

2 나는 자신의 차가 고장 난 한 여자분을 도와주었다. (help, break down)

I ____.

▶ '나는 한 여자분을 도와주었다'와 '그녀의 차가 고장이 났다'가 합쳐진 것으로, 선행사 '한 여자분'이 다음 문장에서 소유격으로 쓰였으므로 소유격 관계대명사 whose를 쓴다.

3 Ted는 그의 엄마가 그를 위해 만들어주신 샌드위치 한 개를 먹었다. (eat a sandwich, make)

____ for him.

▶ 'Ted는 샌드위치 한 개를 먹었다'와 '그의 엄마가 그를 위해 그것을 만드셨다'가 합쳐진 것으로, 선행사 '샌드위치 한 개'가 다음 문장에서 목적어 역할을 하므로 목적격 관계대명사 which나 that을 쓴다.

4 샐러드가 내가 저녁으로 먹었던 마지막 음식이었다. (the last thing, have, for dinner)

Salad ____.

▶ '샐러드가 마지막 음식이었다'와 '나는 저녁으로 그것을 먹었다'가 합쳐진 것으로, 선행사 '마지막 음식'이 다음 문장에서 목적어 역할을 하므로 목적격 관계대명사 that을 쓴다.

5 그는 내가 원했던 것을 내게 사 주었다. (buy, want)

He ____.

▶ '…하는 것'은 명사절을 이끄는 관계대명사 what으로 나타낼 수 있다.

6 그녀는 찾고 있던 그 사진을 발견했다. (find, the picture, look for)

She ____.

▶ '그녀는 그 사진을 발견했다'와 '그녀는 그것을 찾고 있었다'가 합쳐진 것으로, 선행사 '그 사진'이 다음 문장에서 동사 look for의 목적어 역할을 하므로 목적격 관계대명사 which를 쓴다.

7 나는 새로운 아이스크림을 먹어봤는데, 그것은 블루베리로 만들어졌다. (try, be made from)

____ blueberries.

▶ '나는 새로운 아이스크림을 먹어봤다'와 '그것은 블루베리로 만들어졌다'가 합쳐진 것으로, 선행사는 '아이스크림'이고, 다음 문장이 그 아이스크림에 대해 설명하고 있으므로 계속적 용법의 주격 관계대명사 which를 쓴다.

Basic Reading

A

"Mayday! Mayday! Mayday!" If you hear this, you know that a plane or a ship is in trouble. Pilots or captains ___(A)___ need help say this over the radio. The idea came from Frederick Mockford, ___(B)___ worked as a radio officer at Croydon Airport in London. He picked the term "mayday" because it sounds like the French word *m'aider*, **which** means "help me." To get help, however, the word must be said three times in a row!

*radio 무선 (통신), 무전

A
- 주격 관계대명사
- 계속적 용법의 관계대명사

pilot [páilət] ⓜ 조종사, 비행사
captain [kǽptin] ⓜ 선장
radio officer 통신사
pick [pik] ⓢ 고르다
term [təːrm] ⓜ 기간; *용어
in a row 잇달아, 계속해서

1 **Mayday에 관한 설명 중 위 글의 내용과 일치하지 않는 것은?**

① 긴급상황 시 도움을 요청하는 말이다.
② 무선 통신으로 신호를 보낸다.
③ 런던에 있는 공항의 통신사가 고안했다.
④ 프랑스어로 "help me"라는 뜻이다.
⑤ 세 번 연속으로 외쳐야 한다.

2 **위 글의 빈칸 (A)와 (B)에 공통으로 들어갈 관계대명사를 쓰시오.**

____

B

Viral marketing is an online marketing method **that** encourages people to share information about a certain product. Like the cold virus, (A) [which / what] passes from one person to another, viral marketing uses people to spread information. For example, one person sees a funny video on the Internet (B) [who / that] advertises a product. He sends it to his friends, and they send it to their friends. This way, the advertisement is quickly seen by thousands of people.

*viral marketing 바이럴 마케팅

B
- 주격 관계대명사
- 계속적 용법의 관계대명사

method [méθəd] ⓜ 방법
encourage [inkə́ːridʒ] ⓢ 격려하다; *부추기다
spread [spred] ⓢ 퍼뜨리다, 확산시키다
advertise [ǽdvərtàiz] ⓢ 광고하다 (ⓜ advertisement 광고)

1 **위 글의 (A)와 (B)의 각 네모 안에서 어법에 맞는 표현을 골라 쓰시오.**

(A) __________ (B) __________

01

Actual Reading

Learning to spell English words can be tricky. You sometimes find letters ① <u>that</u> are spelled but not pronounced. Look at the letter K in "knife." Why is it there if we don't pronounce it? *Before 1100 AD, people spoke Old English, ② <u>which</u> was very different from English today. People ③ <u>who</u> spoke Old English pronounced the K in "knife" and "knight." Over time, people stopped pronouncing the K, but the letter remained in the words. The other reason for silent letters is that English has been influenced by other languages. *For example, English has many words ④ <u>that</u> were originally French. In French, an H at the beginning of a word isn't pronounced. That's why we don't pronounce the H in "hour" and "honor." *These are words ⑤ <u>which</u> English took from the French language.

서술형

1 위 글의 내용을 아래와 같이 요약할 때, 빈칸에 알맞은 말을 본문에서 찾아 쓰시오.

Today, English has some silent letters because some spellings from Old English have ___________, and because English has been ___________ by other languages.

2 위 글의 밑줄 친 ①~⑤ 중 생략할 수 있는 것은?

① ② ③ ④ ⑤

3 위 글에서 별표(*)가 표시된 문장을 모두 해석하시오.

spell [spel] 동 (어떤 단어의) 철자를 말하다[쓰다] tricky [tríki] 형 힘든, 까다로운 pronounce [prənáuns] 동 발음하다 letter [létər] 명 편지; *글자, 문자 knight [nait] 명 기사 remain [riméin] 동 남아 있다 silent letter 묵음 influence [ínfluəns] 동 영향을 주다 language [lǽŋgwidʒ] 명 언어 originally [ərídʒənəli] 부 원래 [문제] spelling [spéliŋ] 명 철자법; *철자

02

When you open the box of a new electronic device, you will find a booklet inside. This booklet is called a user manual, and it tells you how to use the device. You have probably seen lots of them. But have you ever wondered who makes them? That's technical writers, **whose** job is to write these manuals. *They must be experts in the technology **that** a certain product uses. But they must also be able to explain its functions with clear and easy language. *This way, people **for whom** advanced technology is confusing can understand the manuals. These days, technical writing is a promising field. You can find a good job in this field. Every year, many new electronic devices are introduced into the market. *So, electronics companies need lots of people **who** are good at writing manuals.

1 위 글의 주제로 가장 알맞은 것은?

① the difficulty of technical terms
② what technical writers do and need
③ why you should read a user manual
④ the most promising jobs of the future
⑤ how to use an electronic device longer

2 위 글의 밑줄 친 부분을 관계대명사를 이용하여 다음과 같이 바꿀 때, 빈칸에 알맞은 말을 쓰시오.

→ These days, technical writing is a promising field ______________ you can find a good job.

3 위 글에서 별표(*)가 표시된 문장을 모두 해석하시오.

electronic [ilektránik] 형 전자의 device [diváis] 명 장치, 기구 booklet [búklit] 명 소책자 manual [mǽnjuəl] 명 설명서 technical [téknikəl] 형 기술의, 기술적인 expert [ékspə:rt] 명 전문가 technology [teknálədʒi] 명 기술 function [fʌ́ŋkʃən] 명 기능 advanced [ədvǽnst] 형 선진의 confusing [kənfjú:ziŋ] 형 혼란스러운 promising [prámisiŋ] 형 유망한, 촉망되는 field [fi:ld] 명 들판; *분야 introduce [ìntrədjú:s] 동 소개하다; *도입하다 [문제] difficulty [dífikəlti] 명 어려움

UNIT 2 | 관계사 2

A 관계부사

1 I remember *the day* **when** I first met him.
(= I remember *the day* **on which** I first met him.)
2 She moved into *the house* **where** her mom lived.
(= She moved into *the house* **in which** her mom lived.)
3 He knew *the reason* **why** she left him.
(= He knew *the reason* **for which** she left him.)
4 Amy told me **how** she solved the problem.
(= Amy told me *the way* **in which** she solved the problem.)

1 나는 그를 처음 만났던 날을 기억한다.
2 그녀는 엄마가 살던 집으로 이사했다.
3 그는 그녀가 그를 떠난 이유를 알았다.
4 Amy는 문제를 해결한 방법을 내게 말해주었다.

1 **관계부사 when:** 선행사가 시간일 때 사용하며, at[in/on/during] which로 바꿔 쓸 수 있음
(← I remember **the day**. + I first met him **on that day**.)
2 **관계부사 where:** 선행사가 장소일 때 사용하며, in[at/to/on] which로 바꿔 쓸 수 있음
(← She moved into **the house**. + Her mom lived **in the house**.)
3 **관계부사 why:** 선행사가 이유를 나타낼 때 사용하며, for which로 바꿔 쓸 수 있음
(← He knew **the reason**. + She left him **for that reason**.)
4 **관계부사 how:** 선행사가 방법을 나타낼 때 사용하며, in which로 바꿔 쓸 수 있음
(← Amy told me **the way**. + She solved the problem **that way**.)
※ 선행사 the way와 관계부사 how는 함께 쓸 수 없고 둘 중의 하나는 반드시 생략해야 함
*Amy told me **the way how** she solved the problem.* (X)

> 독해 비법
> 관계사와 의문사의 구분
> **1 관계사:** 앞의 명사를 수식하며, '…하는', …한'으로 해석한다. 단, 관계대명사 what은 '…하는 것'으로 해석한다.
> Is there anyone **who** wants to volunteer? 자원하고 싶은 사람이 있나요?
> This is the place **where** I live. 이곳은 내가 사는 곳이다.
> **2 의문사:** know, ask, wonder 등과 자주 함께 쓰이며, '누구, 어느 것, 무엇, 언제, 어디, 왜, 어떻게'로 해석한다.
> He *asked* me **who** helped me do my homework. 그는 내게 누가 숙제를 도와주었는지를 물었다.
> I *wondered* **where** she found the lost cat. 나는 그녀가 어디에서 잃어버린 고양이를 찾았는지 궁금했다.

Check-up 다음 문장을 관계부사를 이용하여 한 문장으로 바꿔 쓰시오.

1 Jimmy liked the theater. He saw a movie there. → ______________________
2 This is the way. He invented the machine that way. → ______________________
3 I forgot the time. Kevin had an accident at that time. → ______________________
4 He had a reason. He stopped his car for that reason. → ______________________

B 복합관계사

1 1) **Whoever** finishes first will win.
You can take **whichever** you like.
They will try **whatever** is possible.
2) **Whoever** he is, he can't avoid this.
Whichever you buy, it should be cheap.
Whatever she does, she will try her best.

2 1) Come **whenever** you need help.
You can stay **wherever** you want.
2) **Whenever** it rains, the river floods.
Wherever she goes, she brings her cat.
However he does it, the result is the same.
However cold it is outside, he goes jogging.

1 1) 누구든 가장 먼저 끝내는 사람이 우승할 것이다.
너는 마음에 드는 것은 어느 것이든 가져가도 된다.
그들은 가능한 것은 무엇이든 시도할 것이다.
2) 그가 누구든지, 이것을 피할 수 없다.
네가 어느 것을 사더라도, 그것은 저렴해야 한다.
무엇을 하더라도, 그녀는 최선을 다할 것이다.

2 1) 네가 도움이 필요할 때는 언제든지 와라.
네가 원하는 곳은 어디든지 머물 수 있다.
2) 비가 올 때마다 그 강은 홍수가 난다.
어디를 가더라도 그녀는 고양이를 데려간다.
그가 그것을 어떻게 하더라도, 결과는 같다.
밖이 아무리 춥더라도 그는 조깅을 하러 간다.

1 복합관계대명사: 관계대명사에 -ever를 붙인 것으로, 부정(不定)과 양보 용법으로 쓰임
1) 부정: '(…하는 사람은) 누구든지', '(…하는 것은) 어느 것이든지', '(…하는 것은) 무엇이든지'
2) 양보: '누가 …하든지, …가 누구든지', '어느 것을 …하더라도', '무엇을 …하더라도'
cf. 양보 용법으로 쓰인 복합관계대명사는 no matter who / which / what으로 바꿔 쓸 수 있음
(← **No matter who** he is, he can't avoid this.)
(← **No matter which** you buy, it should be cheap.)
(← **No matter what** she does, she will try her best.)

2 복합관계부사: 관계부사에 -ever를 붙인 것으로, 부정(不定)과 양보 용법으로 쓰임
1) 부정: '(…할 때는) 언제든지', '(…하는 곳은) 어디든지'
2) 양보: '언제 …하더라도, …할 때마다', '어디에[로] …하더라도',
「however + 주어 + 동사」: '어떻게 …하더라도',
「however + 형용사 / 부사 + 주어 + 동사」: '아무리 …하더라도'
cf. 양보 용법으로 쓰인 복합관계부사는 no matter when / where / how로 바꿔 쓸 수 있음
(← **No matter when** it rains, the river floods.)
(← **No matter where** she goes, she brings her cat.)
(← **No matter how** he does it, the result is the same.)
(← **No matter how** cold it is outside, he goes jogging.)

Check-up 다음 문장을 해석하시오.

1 Whoever you meet, be polite. → ______
2 We will buy whichever is cheaper. → ______
3 Wherever he went, he was welcomed. → ______
4 Whatever she says, I won't believe her. → ______
5 Whenever you want some advice, call me. → ______
6 However smart he is, he can't do everything. → ______

Sentence Writing with Grammar

우리말과 일치하도록 (   ) 안의 말을 이용하여 문장을 완성하시오.

1 나는 중간고사가 시작되는 날짜를 알고 싶다. (the date, the midterm exams, start)

____

▶ '나는 날짜를 알고 싶다'와 '그 날짜에 중간고사가 시작된다'가 합쳐진 것으로, 선행사가 '날짜'이므로, 관계부사 when을 쓴다.

2 그녀는 내게 내가 그녀의 열쇠를 찾은 장소를 물었다. (the place, find, key)

____

▶ '그녀는 내게 장소를 물었다'와 '나는 그 장소에서 그녀의 열쇠를 찾았다'가 합쳐진 것으로, 선행사가 '장소'이므로 관계부사 where를 쓴다.

3 그는 내게 그가 울고 있었던 이유를 말하지 않았다. (the reason, cry)

____

▶ '그는 내게 이유를 말하지 않았다'와 '그는 그 이유로 울고 있었다'가 합쳐진 것으로, 선행사가 '이유'이므로 관계부사 why를 쓴다.

4 Alice는 내게 그녀가 그 케이크를 만든 방법을 보여주었다. (show, the cake)

____

▶ 'Alice는 내게 방법을 보여주었다'와 '그녀가 그 방법으로 그 케이크를 만들었다'가 합쳐진 것으로, 선행사가 '방법'이므로 관계부사 how를 쓴다.

5 규칙을 어기는 사람은 누구든 벌을 받을 것이다. (break the rules, punish)

____

▶ '…하는 사람은 누구든'은 복합관계대명사 whoever를 써서 나타낼 수 있다.

6 무슨 일이 일어나도 그는 포기하지 않을 것이다. (happen, give up)

____

▶ '무엇이 …하더라도'는 복합관계대명사 whatever를 써서 나타낼 수 있다.

7 내가 새 신발을 신을 때마다 비가 온다. (put on, shoes, rain)

____

▶ '…할 때마다'는 복합관계부사인 whenever를 써서 나타낼 수 있다.

8 그 아이스크림이 아무리 달콤하더라도, 나는 그것을 먹지 않을 것이다. (sweet, eat)

____

▶ '아무리 …하더라도'는 복합관계부사절인 「however+형용사/부사+주어+동사」를 써서 나타낼 수 있다.

Basic Reading

A

Sizzle! Steaks and sausages are being cooked on a grill. It is a barbecue. The reason ___(A)___ it is called so isn't clear. It is widely accepted that it came from the Spanish word *barbacoa*. It referred to a frame used for drying and smoking meat. Later, the word was introduced in England, ___(B)___ it referred to the food cooked over the frame. Now, it is also spelled barbeque or BBQ. **However** you spell it, it sounds yummy!

A
- 관계부사
- 복합관계부사

sizzle [sízl] ⓢ 지글지글 하는 소리를 내다
grill [gril] ⓝ 그릴, 석쇠
accept [əksépt] ⓢ 받아들이다
refer to …을 가리키다
frame [freim] ⓝ 틀
smoke [smouk] ⓢ (담배를) 피우다; *(고기 등을) 훈제하다
[문제]
invention [invénʃən] ⓝ 발명
tasty [téisti] ⓗ 맛있는

1 위 글의 주제로 가장 알맞은 것은?

① how barbecue got its name
② the many ways to spell barbecue
③ the invention of the barbecue grill
④ why food cooked on a barbecue is tastier
⑤ how Spanish has influenced other languages

2 위 글의 빈칸 (A)와 (B)에 들어갈 관계부사를 쓰시오.

(A) ____________ (B) ____________

B

Can you keep food fresh without refrigerators? A man from a Nigerian village **where** there is no electricity found a way. 이것이 그가 그것을 해낸 방법이다. He placed a smaller pot inside a large one. Then he filled the space between them with moist sand. Finally, he put vegetables into the inner pot and covered the pots with a wet cloth. As the water in the sand evaporated, it took the heat away!

*evaporate 증발하다

B
관계부사

refrigerator [rifrídʒərèitər] ⓝ 냉장고
pot [pɑt] ⓝ 솥, 항아리
space [speis] ⓝ 공간
moist [mɔist] ⓗ 촉촉한
cloth [klɔːθ] ⓝ 천
take away …을 가져가다

1 위 글의 밑줄 친 a way와 일치하도록 ⓐ~ⓓ를 배열하시오.

ⓐ Fill the inner pot with food.	ⓑ Put moist sand in the space.
ⓒ Cover the pots with a wet cloth.	ⓓ Put a small pot in a large one.

서술형

2 위 글의 밑줄 친 우리말에 맞게 ( ) 안에 주어진 단어를 바르게 배열하여 문장을 완성하시오.

______________________________ (how / is / this / did / he / it)

Actual Reading

01

In a classroom, a teacher held up a dollar bill and asked, “Who wants it?” The students all raised their hands. But the teacher crushed the bill and asked again, “Who still wants it?” The hands went up again. The teacher kept making the bill dirty. He threw it against the wall and stepped on it. *He even wiped it against a window **where** there was a thick layer of dust. *The students didn’t know the reason **why** he was doing this. Then, he asked the question again. The students held their hands high again. Finally, the teacher said, “Don’t forget this. Whatever I do with it, this will still be a dollar. *There are times in life **when** you are kicked, stepped on, and hurt by the world around you. But remember that you will always be valuable.”

1 위 글에서 선생님이 1달러 지폐를 통해 전달하려고 했던 의미로 가장 알맞은 것은?

① 돈 보다 더 중요한 것은 없다.
② 쉽게 얻는 것은 쉽게 사라진다.
③ 적은 돈이라도 소중하게 여겨야 한다.
④ 겉이 더러워져도 그 가치는 변하지 않는다.
⑤ 물질을 인생의 최우선 목표로 삼아서는 안 된다.

서술형

2 위 글의 밑줄 친 문장과 같은 뜻이 되도록 ( ) 안에 주어진 단어를 이용하여 문장을 완성하시오.

______________________________, this will be still a dollar. (matter)

3 위 글에서 별표(*)가 표시된 문장을 모두 해석하시오.

bill [bil] (명) 지폐 raise [reiz] (동) 올리다 crush [krʌʃ] (동) 잔뜩 구기다 throw [θrou] (동) 던지다 step on …을 밟다 wipe [waip] (동) 닦다 layer [léiər] (명) 층 dust [dʌst] (명) 먼지 high [hai] (부) 높이 valuable [vǽljuəbl] (형) 소중한, 귀중한

02

Legends about dragons are found all over the world. But the Western world and the Eastern world had different ideas about dragons. Western dragons were described as ______________________ whose bodies were huge. They had wings, four legs, and a strong tail. *They lived in caves or on mountains **where** they could hide. People were afraid of them because they breathed fire and ate anything, even humans. However, (A) <u>the way how</u> dragons were described was quite different in the East. They were considered sacred creatures. They had long, slender bodies which didn't have wings. Unlike Western dragons, they lived under water. They were believed to have the power to control water. So they could decide (B) <u>the time when</u> it would rain and also (C) <u>the place where</u> it would rain. ***However** different the dragons were, they had one thing in common: They came from the imaginary world!

1 위 글의 빈칸에 들어갈 말로 가장 알맞은 것은?

① lovely, cute pets
② religious symbols
③ important farm animals
④ alien beings from space
⑤ frightening, evil creatures

[서술형]

2 위 글의 밑줄 친 (A), (B), (C) 중 어법상 <u>틀린</u> 것을 골라 바르게 고쳐 쓰시오.

______________ → ______________

3 위 글에서 별표(*)가 표시된 문장을 모두 해석하시오.

legend [lédʒənd] ⓜ 전설 dragon [drǽgən] ⓜ 용 describe [diskráib] ⓢ 묘사하다 huge [hjuːdʒ] ⓗ 거대한 hide [haid] ⓢ 숨다 breathe [briːð] ⓢ 호흡하다; *입김을 내뿜다 consider [kənsídər] ⓢ 여기다, 생각하다 sacred [séikrid] ⓗ 성스러운 creature [kríːtʃər] ⓜ 생물 slender [sléndər] ⓗ 날씬한, 호리호리한 imaginary [imǽdʒənèri] ⓗ 상상의 [문제] alien being 외계 생명체 religious [rilídʒəs] ⓗ 종교의 frightening [fráitniŋ] ⓗ 무서운 evil [íːvəl] ⓗ 사악한

UNIT 3 | 접속사

A 시간을 나타내는 종속접속사

1 1) I was in an accident **when** I was young.
2) She called me **while** I was watching TV.
3) **As** he was having dinner, he told a funny story.
As time passes, it will become easier.
4) My dad fell asleep **as soon as** he lay down.
5) William played basketball **until** he got tired.
6) I haven't seen him **since** he left.

1 1) 나는 어렸을 때 사고를 당했다.
2) 그녀는 내가 TV를 보고 있는 중에 나에게 전화했다.
3) 그는 저녁을 먹을 때 웃긴 이야기를 했다.
시간이 가면서 그것은 더 쉬워질 것이다.
4) 우리 아빠는 눕자마자 잠이 드셨다.
5) William은 피곤해질 때까지 농구를 했다.
6) 그가 떠난 후로 나는 그를 본 적이 없다.

1 시간을 나타내는 종속절을 이끄는 접속사

1) when: '…할 때'　　2) while: '…하는 동안'
3) as: '…할 때', '…하면서'　　4) as soon as: '…하자마자'
5) until[till]: '…까지'의 뜻으로, 어느 시점까지 동작이나 상태가 계속될 때 사용함
cf. by the time도 until처럼 '…까지'라는 의미를 갖는데, 어느 시점까지 동작이 완료될 때 사용함
By the time she came, they had finished dinner. 그녀가 왔을 때, 그들은 저녁을 다 먹었다.
6) since: '…한 이래로'의 뜻으로, 주로 완료시제와 함께 사용

> 독해 비법
> **as soon as 대신 쓸 수 있는 표현**
> 「the moment+주어+동사」, 「on[upon] v-ing」도 '…하자마자'의 의미를 나타낸다.
> **As soon as** she fell down, she began to cry. 그녀는 넘어지자마자 울기 시작했다.
> → **The moment** she fell down, she began to cry.
> → **On falling** down, she began to cry.

Check-up 다음 빈칸에 알맞은 접속사를 〈보기〉에서 골라 쓰시오.

〈보기〉	while	since	as soon as	until

1 She slept ________ her mom woke her up.
2 He was injured ________ he was playing soccer.
3 We've been friends ________ we were in middle school.

B 이유를 나타내는 종속접속사

1 1) I was late for school **because** I overslept.
2) **Since** Amy was busy, she couldn't join us.
As they skipped lunch, they may be hungry.
3) **Now that** the rain has stopped, we can go on a picnic.

1 1) 나는 늦잠을 자서 학교에 지각했다.
2) Amy는 바빠서 우리와 함께 할 수 없었다.
그들은 점심을 건너뛰어서 배가 고플지도 모른다.
3) 비가 그쳤으니 우리는 소풍을 갈 수 있다.

1 이유를 나타내는 종속절을 이끄는 접속사

1) because: '…이기 때문에', '…이니까'의 뜻으로, 주절의 내용과 강한 인과관계를 나타냄

cf. 「because of+명사(구)」: '… 때문에' (He was angry **because of** my mistake. 그는 내 실수 때문에 화가 났다.)

2) since, as: '…이므로'의 뜻으로, because보다는 약한 인과관계를 나타냄

3) now (that): '…이니까', '…인 이상'

Check-up 다음 문장을 해석하시오.

1 As she worked all day, she was very tired. → ____________________

2 Now that the exam is over, you look very relaxed. → ____________________

C 조건·양보를 나타내는 종속접속사

1 1) **If** you know the answer, raise your hand.
2) **Unless** she takes a rest, she will get sick.
3) **As long as** you are here, you will be safe.

2 1) **Although** the story was funny, he didn't laugh.
2) I will get there, **even if** it rains.
3) **While** my car is very old, it runs well.

1 1) 답을 알면 손을 드세요.
2) 그녀는 쉬지 않으면 병이 들 것이다.
3) 여기 있는 한, 너는 안전할 것이다.

2 1) 이야기가 재미있었지만 그는 웃지 않았다.
2) 비가 올지라도 나는 그곳에 갈 것이다.
3) 내 차는 아주 오래됐지만 잘 달린다.

1 조건을 나타내는 종속절을 이끄는 접속사

1) if: '(만약) …라면' 2) unless: '(만약) …하지 않는다면'(= if ... not) 3) as long as: '…하는 한'

2 양보를 나타내는 종속절을 이끄는 접속사

1) although/though: '(비록) …이지만' 2) even if[though]: '(비록) …일지라도' 3) while: '…이긴 하지만'

Check-up 다음 문장을 해석하시오.

1 Unless you have money, you can't buy a present. → ____________________

2 Although he was rich, he wanted to be richer. → ____________________

D 짝으로 이루어진 접속사

1 He likes **both** baseball **and** basketball.
She is **not only** smart **but also** pretty.
(= She is pretty **as well as** smart.)

1 그는 야구와 농구를 둘 다 좋아한다.
그녀는 똑똑할 뿐만 아니라 예쁘다.

1 그 밖의 예
- either A or B: 'A와 B 둘 중 하나'
- neither A nor B: 'A와 B 어느 쪽도 아닌'
- not A but B: 'A가 아니라 B'

Check-up 다음 두 문장을 한 문장으로 만들 때, 빈칸에 알맞은 말을 넣으시오.

1 Take a bus. Or take the subway. → Take ________ a bus ________ the subway.

2 He didn't read novels. He read comics. → He read ________ novels ________ comics.

Sentence Writing with Grammar

우리말과 일치하도록 ( ) 안의 말을 이용하여 문장을 완성하시오.

1 우리가 역에 도착했을 때 기차는 이미 떠나버렸다. (arrive at, the train, already, leave)

____

▶ '…할 때'는 시간을 나타내는 종속접속사 when을 써서 나타낼 수 있다.

2 그녀는 음악을 듣는 동안 커피를 마셨다. (listen to music, some coffee)

____

▶ '…하는 동안'은 시간을 나타내는 종속접속사 while을 써서 나타낼 수 있다.

3 James가 집에 올 때까지 나는 저녁을 먹지 않을 것이다. (come, have dinner)

____

▶ 어느 시점까지 계속되는 동작을 나타낼 때는 종속접속사 until[till]을 쓴다.

4 그는 자신의 휴대전화 잃어버렸기 때문에 내게 전화할 수 없었다. (lose, cell phone, call)

____

▶ '…이기 때문에'는 이유를 나타내는 종속접속사 because나 since 또는 as를 써서 나타낼 수 있다.

5 신선한 공기를 원한다면 그 창문을 열어라. (some fresh air)

____

▶ '…라면'은 조건을 나타내는 종속접속사 if를 써서 나타낼 수 있다.

6 내가 살아있는 한 그 날을 잊지 않을 것이다. (live, forget, that day)

____

▶ '…하는 한'은 조건을 나타내는 종속접속사 as long as를 써서 나타낼 수 있다.

7 그는 열심히 공부했지만 시험에 떨어졌다. (study hard, fail the test)

____

▶ '(비록) …이지만'은 양보를 나타내는 종속접속사인 although, though 등을 써서 나타낼 수 있다.

8 Sandra는 영어와 프랑스어를 모두 말할 수 있다. (speak, French)

____

▶ 'A와 B 둘 다'는 both A and B를 써서 나타낼 수 있다.

Basic Reading

A

Just like people today, the ancient Egyptians were concerned about the health of their teeth. <u>Though</u> they didn't have dentists, they made toothbrushes out of wooden twigs. They also created a kind of toothpaste to keep their teeth white and healthy. They used rock salt, mint, dried iris flower, and pepper to make it. Dentists today say that this recipe was very advanced for its time!

*rock salt 암염 *iris 붓꽃

A
양보를 나타내는 종속접속사

ancient [éinʃənt] 형 고대의
be concerned about …에 관심을 가지다
dentist [déntist] 명 치과의사
toothbrush [tú:θbrʌ̀ʃ] 명 칫솔
twig [twig] 명 (나무의) 잔가지
toothpaste [tú:θpèist] 명 치약
recipe [résəpì:] 명 요리법, 조리법

1 위 글의 밑줄 친 <u>Though</u>와 바꿔 쓸 수 있는 것은?

① Until ② While ③ Unless
④ As long as ⑤ By the time

B

If you have had bubble tea, then you have tasted those small, chewy balls in it. They are tapioca pearls. Of course, they aren't really pearls; they are made from starch from the cassava plant. They are called pearls ___(A)___ they are formed into little spheres. Like pearls, they are hard and white **when** they are dry. But ___(B)___ they soak in water, they become almost clear. They also grow to be twice their original size!

*cassava (열대지방의) 카사바 나무

B
• 조건을 나타내는 종속접속사
• 이유를 나타내는 종속접속사
• 시간을 나타내는 종속접속사

chewy [tʃú:i] 형 쫄깃쫄깃한
pearl [pə:rl] 명 진주
starch [sta:rtʃ] 명 녹말가루, 전분
sphere [sfiər] 명 구(求), 구체
soak [souk] 동 (액체 속에) 담기다
clear [kliər] 형 분명한; *투명한
original [ərídʒənl] 형 원래의

1 위 글에서 tapioca pearls에 대해 언급되지 <u>않은</u> 것은?

① 식감 ② 원재료 ③ 모양
④ 색깔 ⑤ 조리법

2 위 글의 빈칸 (A)와 (B)에 들어갈 알맞은 말을 〈보기〉에서 골라 쓰시오.

〈보기〉	although	after	because

(A) ____________ (B) ____________

Actual Reading

01

Do you eat more **when** you are feeling stressed? *Do you keep eating, **even though** you are full? **If** your answer is "yes," then you might be an emotional eater. ***While** emotional eating can provide comfort for a while, it doesn't help solve your problems. ***Not only** that, **but also** it gives you more stress by making you feel guilty. So how can you correct this habit? **When** you become hungry, think about whether the hunger is emotional or physical. While physical hunger slowly increases, emotional hunger appears suddenly. Also, emotional hunger makes you want sweet, fatty foods, like ice cream and cheesecake. Lastly, **if** you aren't satisfied even **when** you have eaten enough, you are experiencing emotional hunger. So, pay attention to your hunger and avoid emotional eating. 그런 방식으로, 당신은 당신의 정신적인 건강과 육체적인 건강 둘 다를 증진할 수 있다!

1 위 글에서 언급된 emotional eating의 증상으로 볼 수 없는 것은?

① 스트레스를 받으면 평소보다 더 많이 먹는다.
② 배가 불러도 계속 먹고 싶은 기분이 든다.
③ 먹는 순간 죄책감을 느끼지만 곧 기분이 좋아진다.
④ 갑자기 허기를 느껴 음식을 먹게 된다.
⑤ 달콤하고 기름기가 많은 음식이 당긴다.

서술형

2 위 글의 밑줄 친 우리말에 맞게 ( ) 안에 주어진 단어를 이용하여 문장을 완성하시오.

That way, ______________________________!
(improve, both, mental, physical)

3 위 글에서 별표(*)가 표시된 문장을 모두 해석하시오.

emotional[imóuʃənl] ⓗ 감정의, 감정적인 comfort[kʌ́mfərt] ⓜ 편안, 위로 correct[kərékt] ⓓ 바로잡다 hunger[hʌ́ŋgər] ⓜ 굶주림, 허기 physical[fízikəl] ⓗ 육체적인, 신체적인 increase[inkríːs] ⓓ 증가하다 appear[əpíər] ⓓ 나타나다 fatty[fǽti] ⓗ 지방이 많은 experience[ikspíːəriəns] ⓓ 경험하다 pay attention to …에 집중하다 [문제] improve[imprúːv] ⓓ 개선하다 mental[méntl] ⓗ 정신의

02

You might have called someone who isn't smart "bird brain," but you can't anymore. In fact, chickens can be smarter than four-year-old children! According to a study, chickens can choose the better option in a tricky situation. Researchers learned (A) this **when** they gave them tasty food and bad food. First, they gave the chickens the good and bad food in differently colored bowls. Then they switched the colors of the bowls. ★**Even if** they were confused by the changes, chickens could still find good food! Researchers also found that chickens can control themselves. The researchers learned this by giving patient chickens extra food. ★**When** the other chickens saw this, they stopped rushing to eat (B) as soon as their food was served. ★**Although** these chickens were able to show self-control, human children hardly can. Nor can many adults!

서술형

1 위 글의 밑줄 친 (A) this가 가리키는 것을 우리말로 쓰시오.

____

2 위 글의 밑줄 친 (B)와 바꿔 쓸 수 있는 것은?

① if their food was served
② now that their food was served
③ as long as their food was served
④ by the time their food was served
⑤ the moment their food was served

3 위 글에서 별표(★)가 표시된 문장을 모두 해석하시오.

bird brain 새 대가리, 멍청이 option[ɑ́:pʃən] 명 선택권 bowl[boul] 명 (우묵한) 그릇 switch[switʃ] 동 바꾸다 confused[kənfjú:zd] 형 혼란스러워하는 control oneself 자제하다 patient[péiʃənt] 형 참을성이 있는 extra[ékstrə] 형 추가의 rush[rʌʃ] 동 서두르다, 돌진하다 serve[sə:rv] 동 제공하다 self-control[sèlfkəntróul] 명 자제력 human[hjú:mən] 형 인간의 hardly[hɑ́:rdli] 부 거의 …아니다 adult[ədʌ́lt] 명 성인, 어른

UNIT 4 | 분사구문

「접속사+주어+동사」의 부사절을 간략하게 나타낸 구문으로, 분사로 시작하며 문장에서 부사구 역할을 함

A 분사구문의 형태

1 (**When** *he* returned home, *he* looked for Ann.)
→ **Returning home**, he looked for Ann.

2 **(Being) Away from home**, I felt lonely.
(← As I was away from home, I felt lonely.)

3 **Not eating anything**, she was hungry.
(← As she didn't eat anything, she was hungry.)

1 집에 돌아왔을 때, 그는 Ann을 찾았다.
2 집에서 떨어져 있어 나는 외로웠다.
3 아무것도 먹지 않아서 그녀는 배가 고팠다.

1 분사구문 만드는 방법
① 접속사 생략 ② 주어 생략 ③ 동사를 v-ing 형태로 변형
※ 부사절의 주어가 주절의 주어와 일치하지 않는 경우 생략하지 않음 (→ 독립분사구문)

2 분사구문의 동사가 be동사인 경우: Being은 생략 가능

3 분사구문의 부정: 「not+분사구문」

Check-up 다음 문장을 분사구문으로 바꿔 쓰시오.

1 When she saw me, Kathy smiled brightly. → ______________________
2 As I was sick in bed, I couldn't go to school. → ______________________
3 As he didn't know the answer, he couldn't say anything. → ______________________

B 분사구문의 의미

1 1) **Cleaning my room**, I found her letter.
(← While I was cleaning my room, ...)
2) **Feeling very tired**, she went to bed early.
(← Because she felt very tired, ...)
3) **Listening to music**, he walked down the street.
(← As he listened to music, ...)
4) I entered my room, **turning on the light**.
(← I entered my room and then turned ...)
5) **Hearing my message**, Jeremy will give me a call.
(← If he hears my message, ...)

1 1) 방을 청소하는 중에 나는 그녀의 편지를 발견했다.
2) 아주 피곤해서 그녀는 일찍 잠자리에 들었다.
3) 음악을 들으면서 그는 거리를 걸었다.
4) 나는 방에 들어가서 불을 켰다.
5) 내 메시지를 들으면 Jeremy는 내게 전화할 것이다.

1 1) 시간: '…할 때(when)', '…하는 동안(while)', '…한 후에(after)'
2) 이유: '…이기 때문에(because)', '…이므로(since, as)' 3) 동시동작: '…하면서(as)'
4) 연속동작: '…하고 나서(and then)' 5) 조건: '…한다면(if)'

Check-up 다음 문장을 해석하시오.

1 Having lunch, we talked about the exam. → ______________________
2 Feeling scared, the girl began to cry. → ______________________
3 Talking on the phone, I washed the dishes. → ______________________

C 주의해야 할 분사구문

1 **The weather being cold**, I wore a sweater.
There being many kids, the park was noisy.
2 **While watching a movie**, they ate popcorn.
3 1) **Having finished the project**, she went on vacation.
2) **(Having been) Injured during the game**, he is in hospital.
4 **Frankly speaking**, she is not that smart.

1 날씨가 추워서, 나는 스웨터를 입었다.
아이들이 많아서 공원이 시끄러웠다.
2 영화를 보는 동안 그들은 팝콘을 먹었다.
3 1) 프로젝트를 마치고 그녀는 휴가를 떠났다.
2) 경기 중에 부상을 당해서 그는 입원 중이다.
4 솔직히 말하자면 그녀는 그렇게 똑똑하지 않다.

1 **독립분사구문**
• 분사의 의미상 주어가 주절의 주어가 일치하지 않을 경우, 주어를 분사 앞에 씀
•「There+be동사」 구문의 경우, there를 주어로 봄
2 **접속사가 남아있는 분사구문:** 분사구문의 뜻을 명확히 하기 위해 접속사를 남기기도 함
3 **완료형, 수동형 분사구문**
1) 완료형 분사구문: 분사구문의 시제가 주절보다 한 시제 앞설 때 Having v-ed 사용
2) 수동형 분사구문: 수동태의 분사구문에서 Being과 Having been은 주로 생략됨
4 **관용적 분사구문:** 분사의 의미상 주어가 일반인(you, we, they 등)인 경우 생략하고 관용구처럼 사용함
• generally speaking: '일반적으로 말하자면' • speaking of ...: '…의 얘기가 나왔으니 말인데'
• judging from ...: '…로 판단하건대' • considering (that): '…을 고려하면'

> 독해 비법
> 「**with+명사+분사**」의 쓰임과 해석
> 일종의 독립분사구문으로 '…를 ~한 채로', '…이 ~하며'로 해석한다. 명사와 분사가 능동의 관계라면 현재분사를, 수동의 관계라면 과거분사를 쓴다.
> She was sitting **with tears running** down her cheeks. 그녀는 눈물이 볼에 흐르는 채로 앉아 있었다.
> My dad fell asleep **with the TV turned** on. 우리 아빠는 TV를 켜둔 채 잠이 드셨다.

Check-up 다음 문장의 밑줄 친 부분을 바르게 고쳐 쓰시오.

1 <u>The dog barked at him</u>, the boy ran away. → ______________________
2 <u>Painting by Picasso</u>, the painting is very famous. → ______________________
3 She sat on the sofa <u>with her legs crossing</u>. → ______________________

Sentence Writing with Grammar

우리말과 일치하도록 (　) 안에 주어진 단어를 이용하여 문장을 완성하시오.

1 저녁을 먹을 때, 그는 그의 계획을 알렸다. (have dinner, announce, plan)

____

▶ '(그가) 저녁을 먹을 때'는 시간을 나타내는 분사구문으로 나타낼 수 있다.

2 그의 전화번호를 기억하지 못해서, 그녀는 그에게 전화할 수 없었다. (remember, phone number, call)

____

▶ '(그녀가) 그의 전화번호를 기억하지 못해서'는 이유를 나타내는 분사구문을 써서 나타낼 수 있는데, 부정의 의미이므로 앞에 not을 붙여야 한다.

3 노래를 부르면서, 그는 샤워를 했다. (sing a song, take a shower)

____

▶ '(그는) 노래를 부르면서'는 동시동작을 나타내는 분사구문으로 나타낼 수 있다.

4 네 일에 집중한다면, 너는 빨리 그것을 끝낼 것이다. (pay attention to, work, finish, quickly)

____

▶ '(네가) 네 숙제에 집중한다면'은 조건을 나타내는 분사구문으로 나타낼 수 있다.

5 수업이 일찍 끝나서, 나는 내 친구들과 영화를 보러 갔다. (the class, end, early, go to a movie)

____

▶ '수업이 일찍 끝나서'는 주절의 주어와 다른 주어를 가진 독립분사구문으로 나타낼 수 있다.

6 버스에서 내린 후, 그녀는 집으로 걸어갔다. (after, get off the bus, walk home)

____

▶ '(그녀가) 버스에서 내린 후'는 시간을 나타내는 분사구문으로 나타낼 수 있는데, 접속사를 분사구문 앞에 두어 의미를 분명히 할 수 있다.

7 김치를 한 번 먹어본 후, 그는 그것을 또 먹고 싶어 했다. (try kimchi, once, want)

______________________________ again.

▶ '(그가) 김치를 한 번 먹어본 후'는 주절보다 한 시제 앞선 완료형 분사구문을 이용해서 나타낼 수 있다.

8 일반적으로 말해서, 여성들이 남성들보다 색깔에 더 민감하다. (generally, sensitive to colors)

____

▶ '일반적으로 말해서'는 관용적 분사구문으로 나타낼 수 있다.

A

People say that the first wristwatch was made in 1790 by a Swiss watchmaker. (A) [Watching / Watched] a woman sitting in a park, he got the idea for it. **Tying her watch around her wrist**, the woman's hands were free to take care of her child. Unfortunately, no one was interested in the watch until much later. (B) [Showing / Shown] at an exhibit in 1914, the watch was called nothing but a "passing fancy." Finally in the 1920s, the wristwatch gained popularity.

A
- 동시동작을 나타내는 분사구문
- 이유를 나타내는 분사구문
- 시간을 나타내는 분사구문

wristwatch [rístwɑtʃ] 명 손목시계
watchmaker [wάtʃmèikər] 명 시계 기술자[제작자]
tie [tai] 동 (끈 등으로) 묶다
exhibit [igzíbit] 명 전시회
passing fancy 일시적인 바람
popularity [pὰpjulǽrəti] 명 인기

1 손목시계에 관한 설명 중 위 글의 내용과 일치하지 <u>않는</u> 것은?

① 18세기에 스위스 기술자에 의해 발명되었다.
② 한 여성이 손목에 시계를 묶은 것에 착안하여 만들어졌다.
③ 처음에는 관심을 끌지 못했다.
④ 1914년 전시회에서 좋은 반응을 얻었다.
⑤ 1920년대에 널리 이용되기 시작했다.

2 위 글의 (A)와 (B)의 각 네모 안에서 어법에 맞는 표현을 골라 쓰시오.

(A) ______________ (B) ______________

B

There are many different stories about how chocolate brownies were invented. One popular story is that an American housewife first baked brownies by mistake. **Making a chocolate cake for a party**, she forgot to add the baking powder that causes cakes to rise. <u>새로운 케이크를 구울 충분한 시간이 없어서</u>, she served the flat dessert to her guests. Her guests loved them, and brownies soon became a popular dessert.

B
- 시간을 나타내는 분사구문
- 이유를 나타내는 분사구문

different [dífərənt] 형 다른
invent [invént] 동 발명하다
housewife [háuswàif] 명 주부
by mistake 실수로
serve [səːrv] 동 (음식을) 제공하다
flat [flæt] 형 평평한

서술형

1 위 글의 밑줄 친 우리말에 맞게 ( ) 안에 주어진 단어를 바르게 배열하여 문장을 완성하시오.

______________________________ to bake a new cake
(not / enough time / having)

Actual Reading

01

Ancient Egyptians were famous for mummifying not only humans but also a variety of animals. *__Mummifying animals__ such as cats, monkeys, birds, and even bulls, the Egyptians showed their love and respect for them. Many animal mummies were beloved pets, while others were offerings for the gods. *For example, the Egyptians brought falcon mummies to the god Horus, **hoping their wishes would come true**. But recent research about animal mummies revealed some shocking facts. <u>After they had x-rayed two falcon mummies</u>, scientists found that there were no birds inside the cloth wrapping! In ancient Egypt, animals used for offerings were in high demand. But as it was not easy to raise or catch them, they were in short supply. So fake mummies were often made and sold to customers!

*falcon 매

1 위 글의 제목으로 가장 알맞은 것은?

① Falcon Mummies: Treasure of Egypt
② The Hidden Truth of Falcon Mummies
③ The Most Popular Pet in Ancient Egypt
④ The Complicated Job of Mummy Makers
⑤ How Egyptian Businessmen Tricked Customers

서술형

2 위 글의 밑줄 친 부분을 분사구문으로 바꿔 쓰시오.

____

3 위 글에서 별표(*)가 표시된 문장을 모두 해석하시오.

mummify [mʌ́məfài] ⓢ 미라로 만들다 a variety of 여러 가지의 bull [bul] ⓜ 황소 beloved [bilʌ́vid] ⓗ 총애 받는 offering [ɔ́ːfəriŋ] ⓜ (신께 바치는) 공물, 제물 research [risə́ːrtʃ] ⓜ 연구 reveal [rivíːl] ⓢ 드러내다, 밝히다 shocking [ʃákiŋ] ⓗ 충격적인 x-ray [éksrèi] ⓢ 엑스선 촬영을 하다 fake [feik] ⓗ 가짜의, 거짓된 [문제] treasure [tréʒər] ⓜ 보물 complicated [kámpləkèitid] ⓗ 복잡한, 어려운 trick [trik] ⓢ 속이다, 속임수를 쓰다

02

Research shows that teens need at least eight and a half to nine hours of sleep every night. That means they should go to bed by 9 p.m. to wake up at 6 the next morning. In reality, though, a lot of teens have trouble falling asleep that early. It is not because they don't want to sleep, but because their brains aren't ready for bed yet. *Teenagers' body clocks are reset, **telling teens to fall asleep later at night**. Their body clocks also tell them to wake up later in the morning. This change in the body's rhythm seems to be due to the hormone melatonin. *Melatonin is naturally produced in the brain at night, **helping people sleep**. <u>Producing later at night by teenagers, it doesn't make them feel drowsy until after midnight.</u>

1 위 글의 내용을 아래와 같이 요약할 때, 빈칸에 알맞은 말은?

It is hard for teenagers to fall asleep early because ____________.

① their bodies are full of energy
② they don't feel like sleeping early
③ their brains work on later schedules
④ more melatonin is made in their bodies
⑤ they have the same body rhythm as adults

[서술형]

2 위 글의 밑줄 친 문장에서 어법상 <u>틀린</u> 부분을 찾아 바르게 고쳐 쓰시오.

____

3 위 글에서 별표(*)가 표시된 문장을 모두 해석하시오.

teen [tiːn] 명 십 대(= teenager) at least 적어도 fall asleep 잠들다 body clock 생체 시계 reset [ríːsèt] 동 (시간 등을) 다시 맞추다 (reset-reset-reset) tell [tel] 동 말하다; *시키다 hormone [hɔ́ːrmòun] 명 호르몬 naturally [nǽtʃərəli] 부 물론, 당연히; *본래 produce [prədjúːs] 동 생산하다; *만들어내다 drowsy [dráuzi] 형 졸리는 midnight [mídnàit] 명 자정

Word Review

다음 영어 단어의 우리말 뜻을 적으시오.

1 pilot	______	21 relaxed	______
2 term	______	22 dentist	______
3 method	______	23 starch	______
4 spread	______	24 sphere	______
5 influence	______	25 emotional	______
6 device	______	26 comfort	______
7 manual	______	27 hunger	______
8 function	______	28 experience	______
9 confusing	______	29 pay attention to	______
10 promising	______	30 adult	______
11 polite	______	31 sensitive	______
12 accept	______	32 exhibit	______
13 describe	______	33 popularity	______
14 breathe	______	34 a variety of	______
15 consider	______	35 reveal	______
16 sacred	______	36 fake	______
17 creature	______	37 treasure	______
18 slender	______	38 trick	______
19 imaginary	______	39 fall asleep	______
20 evil	______	40 midnight	______

Chapter 5

중요구문

UNIT 1 | 가정법

A 가정법 과거

1 1) **If** it **weren't** raining, we **would play** baseball.
(← As it is raining, we can't play baseball.)
2) **If** I **became** a millionaire, I **would buy** a nice house.

1 1) 비가 오고 있지 않다면 우리는 야구를 할 텐데.
(비가 오고 있어서 우리는 야구를 할 수 없다.)
2) 백만장자가 된다면 나는 좋은 집을 살 텐데.

1 「If+주어+동사의 과거형[were], 주어+would[should]/could/might+동사원형」: '…라면 ~할 텐데'
1) 현재 사실과 반대되는 상황 가정
2) 현재나 미래에 실현 가능성이 희박한 일 가정
※ 인칭과 수에 관계없이 be동사는 반드시 were로 씀

> 독해 비법
> 단순 조건절과 가정법 과거의 구분
> 실제로 가능한 일을 가정할 때는 단순 조건절로, 실현 가능성이 희박한 일을 가정할 때는 가정법으로 쓴다.
> **If** he **comes** to the party, I **will** meet him. 그가 파티에 온다면 나는 그를 만날 것이다. (단순 조건절)
> **If** he **were** alive, he **would come** to the party. 그가 살아 있으면 그는 파티에 올 텐데. (가정법 과거)

Check-up 다음 문장을 해석하시오.

1 If I were a doctor, I would cure his disease. → ____________________
2 If he didn't have any friends, he would be lonely. → ____________________
3 If I won the lottery, I could travel around the world. → ____________________

B 가정법 과거완료, 혼합 가정법

1 **If** you **hadn't overslept**, you **wouldn't have been** late.
(← As you overslept, you were late.)
If she **had been** at home, she **could have rested**.
(← As she wasn't at home, she couldn't rest.)
2 **If** I **had eaten** breakfast, I **wouldn't be** hungry now.
(← As I didn't eat breakfast, I am hungry now.)

1 늦잠을 자지 않았더라면 너는 늦지 않았을 텐데.
(너는 늦잠을 자서 늦었다.)
그녀가 집에 있었더라면 쉴 수 있었을 텐데.
(그녀는 집에 있지 않아서 쉴 수 없었다.)
2 아침을 먹었더라면 나는 지금 배가 고프지 않을 텐데.
(나는 아침을 먹지 않아서 지금 배가 고프다.)

1 **가정법 과거완료:** 과거 사실과 반대되는 상황을 가정
• 「If+주어+had v-ed, 주어+would[could/might]+have v-ed」: '…했더라면 ~했을 텐데'
2 **혼합 가정법:** 과거의 일이 현재에 영향을 미치는 경우
• 「If+주어+had v-ed, 주어+would[could/might]+동사원형」: '(과거에) …했더라면 (지금) ~할 텐데'

독해 비법

가정법의 해석

가정법 과거와 과거완료는 각각 과거와 과거완료 시제를 사용하지만, 각각 현재와 과거로 해석한다.

If he **were** here now, he **would help** us. 지금 그가 여기 있다면 우리를 도울 텐데.

If I **had had** more time, I **would have finished** the job. 시간이 더 있었더라면, 나는 그 일을 끝냈을 텐데.

Check-up 다음 문장을 가정법으로 바꿔 쓰시오.

1 Because Ryan was born, her life changed a lot.

→ ______________________________

2 As he bought a new car, he doesn't have enough money now.

→ ______________________________

C I wish / as if / without 가정법

1 1) **I wish** I **were** tall.

2) **I wish** I **had followed** his advice.

2 1) Tanya acts **as if** she **were** a child.

2) Mark talks **as if** he **had attended** the meeting.

3 1) **Without** water, we **couldn't survive**.

2) **Without** this map, I **would have gotten** lost.

1 1) 내가 키가 크다면 좋을 텐데.

2) 내가 그의 충고를 따랐더라면 좋을 텐데.

2 1) Tanya는 마치 어린아이인 것처럼 행동한다.

2) Mark는 마치 회의에 참석했던 것처럼 말한다.

3 1) 물이 없다면 우리는 살아남지 못할 것이다.

2) 이 지도가 없었다면 나는 길을 잃었을 것이다.

1 **I wish+가정법:** 현재 이루기 힘든 소망(가정법 과거)이나 과거의 일에 대한 아쉬움(가정법 과거완료)을 나타냄

1) I wish+가정법 과거: '…라면 좋을 텐데'

2) I wish+가정법 과거완료: '…했더라면 좋을 텐데'

2 **as if+가정법:** '마치 …인[이었던] 것처럼'이라는 의미로 실제는 그렇지 않지만 그런 척한다는 것을 나타냄

1) as if+가정법 과거: as if+주어+동사의 과거형 (주절과 일치하는 시점의 일을 반대로 가정)

2) as if+가정법 과거완료: as if+주어+had v-ed (주절보다 이전 시점의 일을 반대로 가정)

3 **without …+가정법:** 부재의 상황을 가정하는 관용표현

1) without …+가정법 과거: '(현재) …이 없다면 ~할 텐데'

2) without …+가정법 과거완료: '(과거에) …이 없었더라면 ~했을 텐데'

※ without 부사구는 가정법 과거일 경우 「if it were not for …」로, 가정법 과거완료일 경우 「if it had not been for …」로 바꿔 쓸 수 있음

(← **If it were not for** water, we couldn't survive.)

(← **If it had not been for** this map, I would have gotten lost.)

Check-up 우리말과 같은 뜻이 되도록 ( ) 안의 말을 이용하여 문장을 완성하시오.

1 너를 더 일찍 만났더라면 좋을 텐데. (meet, early) → I wish ______________.

2 그녀는 파리에 가 봤던 것처럼 말했다. (be, Paris) → She talked ______________.

3 인터넷이 없다면 나는 내 일을 할 수 없다. (without, job) → __________ the Internet, ______________.

4 그의 도움이 없었다면, 나는 실패했을 것이다. (if, help) → ______________, I would have failed.

Sentence Writing with Grammar

우리말과 일치하도록 ( ) 안에 주어진 단어를 이용하여 문장을 완성하시오.

1 네가 프랑스어를 안다면, Sophie와 대화를 나눌 수 있을 텐데. (know, French, talk with)

____

▶ '…라면 ~할 텐데'로 현재 사실과 반대되는 상황을 가정할 때는 가정법 과거(If+주어+동사의 과거형[were], 주어+조동사의 과거형+동사원형)를 써서 나타낸다.

2 내가 마녀라면, 나는 빗자루를 타고 날 수 있을 텐데. (witch, fly on a broomstick)

____

▶ '…라면 ~할 텐데'로 현재 실현 가능성이 희박한 일을 가정할 때는 가정법 과거(If+주어+동사의 과거형[were], 주어+조동사의 과거형+동사원형)를 쓴다.

3 Frank가 그 소식을 들었더라면, 그는 기뻐했을 텐데. (hear, the news, be pleased)

____

▶ '…했더라면 ~했을 텐데'로 과거 사실과 반대되는 상황을 가정할 때는 가정법 과거완료(If+주어+had v-ed, 주어+조동사의 과거형+have v-ed)를 쓴다.

4 Kelly가 파티에 왔더라면, 우리는 지금 재미있을 텐데. (come to the party, have fun)

___________________________________ now.

▶ '(과거에) …했더라면 (지금) ~할 텐데'와 같이 과거의 일이 현재에 영향을 미칠 때는 혼합 가정법(If+주어+had v-ed, 주어+조동사의 과거형+동사원형)을 쓴다.

5 내가 시간을 되돌릴 수 있다면 좋을 텐데. (wish, turn back time)

____

▶ '…라면 좋을 텐데'로 현재 실현 불가능한 소망을 나타낼 때는 「I wish+가정법 과거」를 쓴다.

6 그는 마치 아무 일도 없었던 것처럼 행동했다. (as if, nothing, happen)

He acted ___________________________________.

▶ '마치 …했던 것처럼'으로 주절보다 이전 시점의 일을 반대로 가정할 때는 「as if+가정법 과거완료」를 쓴다.

7 스마트폰이 없다면, 우리의 삶은 불편할 것이다. (without, smartphones, our lives, inconvenient)

____

▶ '…이 없다면'으로 현재의 부재 상황을 가정할 때는 「without ...+가정법 과거」를 쓴다.

8 그녀의 격려가 없었더라면, 나는 그 책을 쓰지 못했을 것이다. (if, for, encouragement, write the book)

____

▶ '…이 없었더라면 ~했을 텐데'로 과거의 부재 상황을 가정할 때는 「if it had not been for ..., 주어+조동사의 과거형+have v-ed」를 쓴다.

Basic Reading

A

Do you think birds can recognize themselves in a mirror? I don't. A bird flew up to my window, hit its beak against it, and woke me up. Standing on the outer windowsill, it saw a bird in the window. **If** it **had known** it was its reflection, it not hit my window. But it seemed to be fighting with itself, **as if** its reflection in the window **were** another bird.

*beak (새의) 부리

A
- 가정법 과거완료
- as if+가정법

recognize [rékəgnàiz] 동 알아보다, 알다
mirror [mírər] 명 거울
outer [áutər] 형 바깥쪽의
windowsill [wíndousìl] 명 창턱, 창틀
reflection [riflékʃən] 명 (거울 등에 비친) 상, 모습

1 위 글에 따르면 새가 창문을 부리로 쪼아댄 이유는?

① 부리를 긁기 위해서
② 자는 사람을 깨우기 위해서
③ 창문을 열어달라고 하기 위해서
④ 창문에 붙어있는 벌레를 먹기 위해서
⑤ 창문에 비친 자신을 다른 새로 착각해서

2 위 글의 밑줄 친 not hit을 알맞은 형태로 고쳐 쓰시오.

____

B

In 1985, a Chinese woman named Yin Yuzhen got married and moved to her husband's hometown. But she felt **as if** she **had moved** to another planet instead of a new town. There was nothing but sand. She **wished** that she **could leave**. But one day, she saw a tree growing and had an idea. "**If** there **were** trees here, life **would be** much better," she thought. Since then, she has planted thousands of trees. The area has become a green forest in the middle of the sand. 그 나무들이 없다면, 그 지역은 여전히 고독한 사막 마을일 것이다.

B
- as if+가정법
- I wish+가정법
- 가정법 과거
- without ...+가정법

move [mu:v] 동 움직이다; *이사하다
planet [plǽnit] 명 행성
plant [plænt] 동 심다

1 위 글의 내용으로 보아 Yin Yuzhen의 성격으로 가장 알맞은 것은?

① 비관적이다
② 수동적이다
③ 사려 깊다
④ 친화적이다
⑤ 적극적이다

서술형

2 위 글의 밑줄 친 우리말에 맞게 ( ) 안에 주어진 단어를 이용하여 문장을 완성하시오.

______________, ______________ a lonely desert village still.
(the trees, the area)

Actual Reading

01

*The moon is always facing us, **as if** it **were** tied to Earth. But why is it there? The most popular belief is that some big object hit Earth about 4.5 billion years ago. According to this belief, many pieces of the object flew back into space. Then, some of them joined together again to make the moon. Scientists are still not sure exactly where the moon came from. *But they all agree that Earth **would be** very different **without** it. Like Earth, the moon has gravity. This gravity keeps Earth slightly inclined, giving us the regular cycle of four seasons. ***If** the moon **disappeared**, Earth **would have** ever-changing weather and huge storms in the oceans. 또한, 달의 중력이 없다면 지구는 더 많이 흔들릴지도 모른다. This **would make** Earth impossible to live on.

1 위 글에서 달이 사라지면 지구에 발생할 수 있는 일로 언급된 것은? (두 개)

① 자전축이 더 기울어진다.
② 날씨가 끊임없이 변한다.
③ 낮과 밤의 구분이 사라진다.
④ 바다에 폭풍우가 몰아친다.
⑤ 움직임이 안정화된다.

서술형

2 위 글의 밑줄 친 우리말에 맞게 ( ) 안에 주어진 단어를 이용하여 문장을 완성하시오.

Also, ______________________, ______________________ a lot more.
(if, for, the moon's gravity, shake)

3 위 글에서 별표(*)가 표시된 문장을 모두 해석하시오.

face [feis] 통 …을 향하다 popular [pάpjulər] 형 인기 있는; *일반적인 belief [bilíːf] 명 믿음, 생각 billion [bíljən] 명 십억 piece [piːs] 명 조각 gravity [grǽvəti] 명 중력 slightly [sláitli] 부 약간 incline [inkláin] 통 (…쪽으로) 기울이다, 경사지게 하다 regular [régjulər] 형 규칙적인 ever-changing [évərtʃeindʒiŋ] 형 늘 변화하는, 변화무쌍한 huge [hjuːdʒ] 형 엄청난, 거대한 [문제] shake [ʃeik] 통 흔들리다

02

When you imagine a pirate, you may think of one with a black eye patch. *A pirate **might have had** to wear an eye patch **if** he or she **had lost** an eye in a fight. But there was another reason for pirates to wear eye patches. Ship decks are usually very ___(A)___. Below deck, though, it is quite ___(B)___. **If** pirates **had** to go below deck, their eyes **would** need time to adjust to the dark. *And **if** they **were** in a hurry because of a fight with the enemy, they **couldn't waste** those few minutes. So pirates wore eye patches to keep one eye ready for the darkness below deck. That way, they could take it off and see perfectly in the dark. ***If it had not been for** eye patches, they **couldn't have moved** quickly throughout the ship!

1 위 글의 제목으로 가장 알맞은 것은?

① The Secret of Pirate Ships
② How Typical Pirates Looked
③ The Evilest Pirate in History
④ Why Pirates Wore Eye Patches
⑤ The Lives of the Caribbean Pirates

2 위 글의 빈칸 (A)와 (B)에 들어갈 말이 바르게 짝지어진 것은?

	(A)		(B)
①	dry	–	wet
②	noisy	–	quiet
③	clean	–	dirty
④	bright	–	dark
⑤	exciting	–	boring

3 위 글에서 별표(*)가 표시된 문장을 모두 해석하시오.

pirate[páirət] 명 해적 eye patch 안대 deck[dek] 명 갑판 below[bilóu] 전 (…보다) 아래에 adjust to …에 적응하다 in a hurry 서둘러 waste[weist] 동 낭비하다 darkness[dá:rknis] 명 어둠 take off …을 벗다 throughout[θru:áut] 전 도처에 [문제] typical [típikəl] 형 전형적인, 일반적인

UNIT 2 | 비교구문

A 원급 비교

1 Tom is **as tall as** his brother.
London is **not as cold as** Moscow.
2 This room is **three times as large as** my room.

1 Tom은 그의 형만큼 키가 크다.
런던은 모스크바만큼 춥지 않다.
2 이 방은 내 방보다 세 배만큼 크다.

1 **「as+형용사/부사의 원급+as ...」**: '…만큼 ~한/하게'
※ 「not as+원급+as ...」는 「less+원급+than ...」으로 바꿔 쓸 수 있음 (→ London is **less cold than** Moscow.)
2 **「배수사+as+형용사/부사의 원급+as」**: '…보다 몇 배 ~한/하게'
※ 「배수사+형용사/부사의 비교급+than ...」으로 바꿔 쓸 수 있음 (→ This room is **three times larger than** my room.)

Check-up 우리말과 같은 뜻이 되도록 as ... as와 (　) 안의 말을 이용하여 문장을 완성하시오.

1 컴퓨터는 TV만큼 비싸지 않다. (expensive) → Computers are ________ TVs.
2 그는 Beth보다 두 배 나이가 많다. (twice, old) → He is ________ Beth.

B 비교급

1 He is **younger than** me[I am].
Fried chicken is **more delicious than** pizza.
2 Clara is **less smart than** Amy.
3 The plane is **much faster than** the ship.

1 그는 나보다 더 어리다.
닭튀김은 피자보다 더 맛있다.
2 Clara는 Amy보다 덜 똑똑하다.
3 비행기가 배보다 훨씬 더 빠르다.

1 **「형용사/부사의 비교급+than ...」**: '…보다 더 ~한/하게'
cf. than 뒤의 대명사는 목적격으로 쓰지만, 동사와 함께 쓰일 경우에는 주격으로 씀
2 **「less+형용사/부사의 원급+than ...」**: '…보다 덜 ~한/하게'
3 **「much[a lot/far/even]+형용사/부사의 비교급+than ...」**: '훨씬 더 …한/하게'의 의미로, 비교급 강조

> 독해 비법
> **「비교급+than+절」의 해석**
> than 뒤에는 절이 오기도 하는데, 이때 '…하는 것보다 더 ~한/하게'로 해석한다.
> He is much **richer than you think**. 그는 당신이 생각하는 것보다 훨씬 더 부유하다.

Check-up 우리말과 일치하도록 (　) 안의 말을 이용하여 문장을 완성하시오.

1 이 가방이 네 가방보다 덜 무겁다. (heavy) → This bag is ________ your bag.
2 그녀는 Billy보다 훨씬 더 일찍 도착했다. (a lot, early) → She arrived ________ Billy.
3 수업이 내가 예상했던 것보다 늦게 끝났다. (late, expect) → The class ended ________.

C 최상급

1 The Nile River is **the longest** river *in* the world.
It is **the most beautiful** *of* all the pictures.
He is **the cleverest** student (that) I *have ever met*.
2 1) She always tries her **best**.
2) Of the four seasons, I like fall (the) **most**.

1 나일 강은 세계에서 가장 긴 강이다.
그것은 모든 사진들 중에서 가장 아름답다.
그는 내가 여태껏 만나 본 가장 영리한 학생이다.
2 1) 그녀는 항상 최선을 다한다.
2) 사계절 중 나는 가을을 가장 좋아한다.

1 **「the+형용사/부사의 최상급」:** '가장 …한/하게'
• 「최상급+in+단수명사」: '… 안에서 가장 ~한/하게' • 「최상급+of+복수명사」: '… 중에서 가장 ~한/하게'
• 「최상급+(that)+주어+have ever v-ed」: '주어가 지금까지 …한 것들 중 가장 ~한/하게'
2 **the가 없는 최상급:** 1) 소유격이 앞에 붙는 경우 2) 부사의 최상급은 앞의 the를 생략하기도 함

Check-up 우리말과 같은 뜻이 되도록 ( ) 안의 말을 이용하여 문장을 완성하시오.

1 그는 내가 만나본 가장 웃긴 소년이다. (funny, meet) → He is ______________________.
2 그녀는 가장 오랫동안 파티에 머물렀다. (stay, long) → She ________________ at the party.

D 여러 가지 비교구문

1 Call me back **as soon as possible**[**you can**].
2 1) It is getting **warmer and warmer** every day.
2) **The older** he gets, **the weaker** he becomes.
3 **No** student in the class runs **as fast as** him.
(= **No** student in the class runs **faster than** him.)
(= He runs **faster than any other** *student* in the class.)
(= He runs **faster than all the (other)** *students* in the class.)

1 가능한 빨리 나에게 다시 전화해 줘.
2 1) 매일 점점 따뜻해지고 있다.
2) 나이가 들수록 그는 더 약해진다.
3 반의 어떤 학생도 그만큼 빨리 뛰지 않는다.
(반의 어떤 학생도 그보다 빨리 뛰지 않는다.)
(그는 반의 다른 어떤 학생보다 빨리 뛴다.)
(그는 반의 모든 (다른) 학생들보다 빨리 뛴다.)

1 **「as+형용사/부사의 원급+as possible[주어 can]」:** '가능한 한 …한/하게'
2 1) **「비교급+and+비교급」, 「more and more+형용사/부사」:** '점점 더 …한/하게'
2) **「the+비교급 …, the+비교급 ~」:** '…하면 할수록 더 ~하다'
3 **최상급 의미를 나타내는 원급, 비교급 표현**
• 「no+명사+as+원급+as …」: '어떤 것도 …만큼 ~하지 않은'
• 「no+명사+비교급+than …」: '어떤 것도 …보다 더 ~하지 않은'
• 「비교급+than any other+단수명사」: '다른 어떤 …보다 더 ~한'
• 「비교급+than all the (other)+복수명사」: '다른 모든 …보다 더 ~한'

Check-up 우리말과 같은 뜻이 되도록 ( ) 안의 말을 이용하여 문장을 완성하시오.

1 물가가 점점 더 오르고 있다. (high) → Prices are getting ________________.
2 상자가 작으면 작을수록 더 가볍다. (small, light) → __________ the box, __________ it is.
3 어떤 것도 네 건강만큼 중요하지 않다. (as, important, health) → Nothing is ________________.

Sentence Writing with Grammar

우리말과 일치하도록 (   ) 안에 주어진 단어를 이용하여 문장을 완성하시오.

1 이번 여름은 작년 여름만큼 덥다. (summer, as, hot)

____

▶ '…만큼 ~한'은 원급 비교 구문인 「as + 원급 + as」를 써서 나타낸다.

2 서울은 내 고향보다 네 배 크다. (four times, as, big, hometown)

____

▶ '…보다 몇 배 ~한'은 배수사를 포함한 원급 비교 구문인 「배수사 + as + 원급 + as」를 써서 나타낸다.

3 이 카페는 그 백화점보다 덜 붐빈다. (café, crowded, the department store)

____

▶ '…보다 덜 ~한'은 비교 구문인 「less + 원급 + than」을 써서 나타낸다.

4 Chloe는 나의 가장 가까운 친구이다. (close)

____

▶ '가장 …한'은 최상급을 써서 나타내는데, 최상급 앞에 소유격이 올 경우 the를 쓰지 않는다.

5 그녀는 가능한 한 크게 소리쳤다. (shout, loudly)

____

▶ '가능한 한 …하게'는 원급 비교를 이용한 표현인 「as + 원급 + as possible[one can]」을 써서 나타낸다.

6 과학 기술이 점점 더 빠르게 발전하고 있다. (scientific technology, advance, quickly)

____

▶ '점점 더 …하게'는 「비교급 + and + 비교급」, 「more and more + 형용사/부사」의 형태로 쓴다.

7 우리가 더 높이 올라가면 올라갈수록, 더 추워졌다. (high, climb, cold, become)

____

▶ '…하면 할수록 더 ~하다'는 「the + 비교급 …, the + 비교급 ~」 구문을 써서 나타낸다.

8 이 방은 우리 호텔에서 다른 어떤 방보다 더 저렴하다. (cheap, any other)

______________________________ in our hotel.

▶ '다른 어떤 …보다 더 ~한'은 「비교급 + than any other + 단수명사」 구문을 써서 나타낸다.

Basic Reading

A

For your pets, moving can be **more difficult than** you may think. Everywhere looks and smells different. If you want to help them adjust to a new home, giving them time is **the best** way. Keep them in one room for a few days. Then slowly let them explore the whole house. And always feed them in the same place. 시간이 흐르면서, 그들은 점점 더 편하게 느낄 것이다.

A
- 비교급
- 최상급

explore [iksplɔ́:r] ⓢ 탐험하다, 탐사하다
whole [houl] ⓗ 전체의
feed [fi:d] ⓢ 먹이를 주다

1 위 글의 주제로 가장 알맞은 것은?

① 반려동물이 주인을 닮는 이유
② 반려동물에게 가장 편안한 환경
③ 반려동물의 새집 적응을 돕는 방법
④ 새로운 환경에 적응하는 것의 어려움
⑤ 실내에서 반려동물을 키울 때 주의할 점

서술형

2 위 글의 밑줄 친 우리말에 맞게 ( ) 안에 주어진 단어를 이용하여 문장을 완성하시오.

Over time, ______________________________. (feel, comfortable)

B

Reading is a good way to improve your English. Then what should you read? It is commonly believed that the (A) hard the text is, the (B) well you will learn. However, if it is **more advanced than** your level, you have to make a great effort to understand it. In most cases, you will ______________________ reading. So experts suggest reading at a **lower** level. It will keep you interested, helping you learn **more**!

B
비교급

improve [imprú:v] ⓢ 개선하다
commonly [kɑ́mənli] ⓑ 흔히, 보통
advanced [ədvǽnst] ⓗ 선진의; *고급의, 상급의
make an effort 노력하다
expert [ékspə:rt] ⓜ 전문가
suggest [sədʒést] ⓢ 제안하다; *추천하다

1 위 글의 빈칸에 들어갈 말로 가장 알맞은 것은?

① be better at ② forget about ③ have hopes of
④ lose interest in ⑤ get in touch with

2 위 글의 밑줄 친 (A)와 (B)를 알맞은 형태로 고쳐 쓰시오.

(A) ______________ (B) ______________

Actual Reading

01

You may have seen early human ancestors in the encyclopedia. They looked a lot like apes but very different from modern people. So what will humans look like in the far future? Artist Nickolay Lamm and scientist Alan Kawn created images of humans from thousands of years in the future. *According to them, future human heads will be **bigger than** modern human heads. As we have been evolving a **larger** brain and forehead, they will continue to grow. *Also, humans' eyes will grow **larger than** they currently are. *In the future, humans will have **a lot more** chances to travel through the dark universe. So they will have big eyes to be (sensitive to light / as / possible / as). But these are just predictions. Nobody knows for sure how humans will change in the far future. Only time will tell!

1 위 글의 내용을 아래와 같이 요약할 때, 빈칸 (A)와 (B)에 들어갈 말이 바르게 짝지어진 것은?

> According to predictions, ____(A)____ and eyes of future humans will grow ____(B)____.

(A)	(B)	(A)	(B)
① heads	– darker	② heads	– bigger
③ brains	– farther	④ brains	– smaller
⑤ foreheads	– smarter		

서술형

2 위 글의 (   ) 안에 주어진 단어를 바르게 배열하시오.

____

3 위 글에서 별표(*)가 표시된 문장을 모두 해석하시오.

ancestor[ǽnsestər] 명 조상 encyclopedia[ensàikləpí:diə] 명 백과사전 ape[eip] 명 유인원 evolve[iválv] 동 진화하다 forehead[fɔ́:rhed] 명 이마 continue[kəntínju:] 동 계속되다, 계속하다 currently[kə́:rəntli] 부 현재, 지금 sensitive[sénsətiv] 형 (빛 등에) 민감한 prediction[pridíkʃən] 명 예측

02

Hello, travelers! I am a pilot. Would you like to enjoy **the most comfortable** flight? I can give you some (A) helpful tips. First, if you want a **smoother** flight, book a morning flight. Morning flights are usually **smoother than** afternoon flights because the air is **calmer** in the morning. ★Also, **the warmer** the air becomes in the afternoon, **the more likely** it is to cause thunderstorms. ★Next, if you want to stay cool and breathe **the freshest** air, sit **as close** to the front **as you can**. In every plane, air flows from the front to the back. So, (B) the seats in the back are **warmer than any other seat**. I hope these tips make your travel experiences enjoyable. ★Next time, you can have a **more pleasant** and **less tiring** flight!

서술형

1 위 글의 밑줄 친 (A) helpful tips로 언급된 것 두 가지를 본문에서 찾아 우리말로 쓰시오.

1) ______________ 2) ______________

2 위 글의 밑줄 친 (B)와 의미가 다른 것은?

① no seat is as warm as the seats in the back
② the seats in the back are the warmest of all
③ no seat is warmer than the seats in the back
④ the seats in the back are as warm as other seats
⑤ other seats are cooler than the seats in the back

3 위 글에서 별표(★)가 표시된 문장을 모두 해석하시오.

flight[flait] 명 *(비행기) 여행; 항공편, 항공기 helpful[hélpfəl] 형 도움이 되는 tip[tip] 명 조언 smooth[smuːð] 형 매끄러운; *부드러운 calm[kaːm] 형 침착한; *잔잔한 cause[kɔːz] 동 야기하다, 초래하다 thunderstorm[θʌ́ndərstɔ̀ːrm] 명 뇌우 seat[siːt] 명 좌석 enjoyable[indʒɔ́iəbl] 형 즐거운 pleasant[plézənt] 형 쾌적한, 즐거운

UNIT 3 | 일치, 화법, 특수구문

A 시제의 일치

1 1) I think he **is [was / will be]** nice.
2) I heard you **were [had been]** sick.
2 1) He proved that Earth **moves** around the sun.
2) I learned the Korean War **began** in 1950.
3) He said he **goes [went]** jogging every morning.

1 1) 나는 그가 착하다고[착했다고 / 착할 것이라고] 생각한다.
2) 나는 네가 아프다고[아팠다고] 들었다.
2 1) 그는 지구가 태양 주위를 돈다는 것을 증명했다.
2) 나는 한국전쟁이 1950년에 시작됐다고 배웠다.
3) 그는 매일 아침에 조깅을 간다고 말했다.

1 **기본 원칙:** 1) 주절의 시제가 현재이면 종속절에는 모든 시제 사용가능
2) 주절의 시제가 과거이면 종속절에 과거시제 또는 과거완료시제(주절보다 한 시제 앞설 경우) 사용
2 **시제 일치의 예외:** 1) 일반적 진리, 과학 이론, 현재의 습관은 항상 현재시제로 나타냄
2) 역사적 사실은 항상 과거시제로 나타냄
3) 과거의 상황이 현재까지 지속될 경우, 현재시제와 과거시제 모두 가능

Check-up 다음 문장의 밑줄 친 부분을 바르게 고쳐 쓰시오.

1 I thought John graduates from Harvard last year. → ______________
2 The teacher said that oil and water didn't mix. → ______________
3 I didn't know that Einstein die in 1955. → ______________

B 화법전환

1 He **told** me (that) **he was** ready.
(← He said to me, "I am ready.")
2 1) She **asked** him **if [whether] he liked** movies.
(← She asked him, "Do you like movies?")
2) I **asked** Tom **where he was** going.
(← I asked Tom, "Where are you going?")
3 Mom **told** me **to clean my** room.
(← Mom said to me, "Clean your room.")

1 그는 내게 준비가 되었다고 말했다.
(그는 내게 "나는 준비가 되어 있어."라고 말했다.)
2 1) 그녀는 그에게 그가 영화를 좋아하는지 물었다.
(그녀는 그에게 "너 영화 좋아해?"라고 물었다.)
2) 나는 Tom에게 어디에 가는지 물었다.
(나는 Tom에게 "너 어디 가니?"라고 물었다.)
3 엄마는 내게 내 방을 치우라고 말씀하셨다.
(엄마는 내게 "네 방을 치워라"라고 말씀하셨다.)

1 **평서문의 화법전환:** ① 전달동사 변환(say [said] → say [said], say [said] to + 사람 → tell [told] + 사람)
② 접속사 that 삽입 (생략 가능) ③ that절의 인칭대명사 변환 (말하는 사람의 입장에 맞춤)
④ that절의 시제 변환 (시제 일치의 원칙에 따름) ⑤ 부사구 변환 (now → then, today → that day 등)
2 **의문문의 화법전환:** 1) 의문사가 없는 경우, 「ask + (사람) + if [whether] + 주어 + 동사」
2) 의문사가 있는 경우, 「ask + (사람) + 의문사 + 주어 + 동사」
3 **명령문의 화법 전환:** 「tell [order](명령), ask(요청), advise(충고) + 사람 + to-v」

Check-up 다음 문장을 간접화법으로 바꿔 쓰시오.

1 Linda said to me, "I like your hair." → ______________________
2 Fred said to her, "Do you have a boyfriend?" → ______________________
3 He said to his soldiers, "Stand at attention." → ______________________

C 특수구문

1 1) I **do** like ice cream.
2) **It was** Terry **that[who]** saw a cat at school.
It was a cat **that** Terry saw at school.
It was at school **that** Terry saw a cat.
(← Terry saw a cat at school.)
2 1) **Not everyone** loves sports.
2) **None of** us knew Jason's address.
3 1) **Here** *comes the bus*.
2) **Never** *have I* seen such a sad movie.
3) A: I *want* to go home. B: **So** *do I*.
A: I *didn't* have lunch. B: **Neither[Nor]** *did I*.

1 1) 나는 아이스크림을 정말 좋아한다.
2) 학교에서 고양이를 본 사람은 Terry였다.
Terry가 학교에서 본 것은 고양이였다.
Terry가 고양이를 본 곳은 학교였다.
(Terry는 학교에서 고양이를 보았다.)
2 1) 모든 사람이 스포츠를 좋아하는 것은 아니다.
2) 우리 중 아무도 Jason의 주소를 몰랐다.
3 1) 여기 버스가 온다.
2) 나는 그렇게 슬픈 영화를 본 적이 없다.
3) A: 나 집에 가고 싶어. B: 나도 그래.
B: 나 점심을 안 먹었어. B: 나도 그래.

1 강조
1) 「do[does/did] + 동사원형」: 동사 강조
2) 「It is[was] ... that ~」: '~한[했던] 것은 바로 …이다[였다]'의 의미로, 강조할 말이 '…' 위치에 옴
※ 강조할 말에 따라 that 대신 who(m)(사람)을 쓸 수 있음

2 부정구문
1) 부분부정: 「not+all/every/both/always ...」, '모두/모든/둘 다/항상 …한 것은 아니다'
2) 전체부정: 「none/neither/never ...」, '아무도/둘 다/결코 …않다'

3 도치: 강조를 위해 부사(구)나 부정어 등이 문장의 맨 앞에 오는 경우, 주어와 동사의 도치가 일어남
1) 부사(구) 도치: 「부사(구)+동사+주어」
※ 주어가 대명사인 경우, 도치가 일어나지 않음 (Here he comes. 그가 여기 온다.)
2) 부정어(never/seldom/little) 도치: 「부정어+조동사+주어+동사」, 「부정어+be동사+주어」
「부정어+do[does/did]+주어+동사」
3) So/Neither[Nor] 도치: '…도 또한 그렇다/아니다'의 의미로, So/Neither[Nor]가 앞 문장의 내용을 받음
• 「So/Neither[Nor]+do[does/did]+주어」 • 「So/Neither[Nor]+조동사+주어」
• 「So/Neither[Nor]+be동사+주어」

Check-up 다음 밑줄 친 부분을 강조하는 문장으로 바꿔 쓰시오.

1 Dean came back <u>yesterday</u>. → ______________________
2 A big box was <u>on the chair</u>. → ______________________
3 Ashley <u>seldom</u> wakes up early. → ______________________

Sentence Writing with Grammar

우리말과 일치하도록 (   ) 안에 주어진 단어를 이용하여 문장을 완성하시오.

1 나는 그가 시애틀로 돌아갔다고 들었다. (return to, Seattle)

I heard ______________________________.

▶ 주절의 시제가 과거이면 종속절에는 과거 또는 과거완료를 쓴다.

2 우리는 중력 때문에 모든 것이 땅으로 떨어진다고 배웠다. (learn, everything, fall to the ground)

______________________________ because of gravity.

▶ 과학 이론은 주절의 시제에 관계없이 항상 현재로 쓴다.

3 Peter는 Wendy에게 그와 함께 갈 것인지 물었다. (ask, if, will, go)

____

▶ 의문사가 없는 의문문을 간접화법으로 나타낼 때, 「ask+(사람)+if[whether]+주어+동사」 형태로 쓴다.

4 그 의사는 내게 충분한 수면을 취하라고 충고했다. (advise, get enough sleep)

____

▶ 충고를 나타내는 명령문을 간접화법으로 나타낼 때, 「advise+사람+to-v」 형태로 쓴다.

5 내가 어제 극장에서 만난 사람은 바로 Jeff였다. (it, that, meet, theater)

______________________________ yesterday.

▶ '…했던 것은 바로 ~였다'는 「It was ~ that …」 강조구문을 써서 나타낸다.

6 그녀는 결코 수업 시간에 잠을 자지 않는다. (sleep in class)

Never ______________________________.

▶ 강조를 위해 부정어가 문장의 맨 앞에 올 경우, 「부정어+do동사+주어+동사」의 도치 구문을 쓴다.

7 모든 학생들이 그의 의견에 찬성하는 것은 아니다. (not, every, agree, opinion)

____

▶ '모든 …이 ~한 것은 아니다'는 부분부정 구문인 not every를 써서 나타낸다.

8 Lily는 전화를 받지 않지 않았다. Eddie도 그랬다. (neither)

Lily didn't answer the phone. ______________________________

▶ '…도 또한 그렇지 않다'는 「Neither+do동사+주어」의 구문으로 나타낸다.

Basic Reading

A

Some weeks after getting a job, a young man was called into his boss's office. The boss said, "In your interview, you **told us that you had five years of experience**. But actually this is the first job you have ever had. How do you explain that?" The young man **told the boss that he could explain**. "Your advertisement gave me the idea. It **said** you **wanted** somebody with imagination!"

1 위 글의 분위기로 가장 알맞은 것은?

① calm ② scary ③ gloomy
④ romantic ⑤ humorous

서술형

2 위 글의 밑줄 친 문장을 It is[was] ... that 구문을 이용하여 your advertisement를 강조하는 문장으로 바꿔 쓰시오.

____

A
• 간접화법
• 시제의 일치

call into …로 불러들이다
interview [íntərvjuː] 명 면접
experience [ikspíəriəns] 명 경험, 경력
advertisement [æ̀dvərtáizmənt] 명 광고
imagination [imæ̀dʒinéiʃn] 명 상상력

B

One day, a mother visited Gandhi with her daughter. She was worried that her daughter was eating too much candy. She said to him, "Can you help my daughter stop?" Gandhi **told them to come back** in three weeks. When they returned, he told the daughter about the harmful effects of candy and strongly suggested that she stop eating it. The mother **asked him why he hadn't said this before**. He answered, "**Too much did I love candy then.**"

1 위 글에서 간디가 모녀에게 3주 후에 다시 오라고 했던 이유로 가장 적절한 것은?

① 다른 바쁜 일이 생겨서
② 수행에 방해가 된다고 생각해서
③ 방문객이 너무 많이 찾아와서
④ 조언할 내용을 먼저 실천하려고
⑤ 모녀가 직접 방법을 찾게 하려고

서술형

2 위 글의 밑줄 친 문장을 간접화법으로 바꿔 쓰시오.

She asked him ______________________.

B
• 간접화법
• 도치

worried [wə́ːrid] 형 걱정스러운
harmful [háːrmfəl] 형 해로운
effect [ifékt] 명 영향

01

*What you remember and what you actually saw are **not always** the same. In fact, your memory can be influenced by the words that are used to describe an event. In an experiment, a video of a car accident was shown to different groups of people. *Then researchers **asked each group how fast the cars had been traveling**. However, the researchers used different words, like "hit," "smashed," "bumped," and "contacted," for each group. The results were quite interesting. People asked with the word "smashed" guessed 10 mph faster than people asked with "contacted." The following week, researchers carried out one more experiment. *They **asked the people if they had seen any broken glass**. The people asked with stronger words remembered seeing some. <u>Interestingly, there was never any broken glass in the video!</u>

1 위 글의 제목으로 가장 알맞은 것은?

① Researcher's Funny Tricks
② What Makes People Tell Lies
③ The Importance of Safe Driving
④ How Words Affect Your Memory
⑤ How to Prevent Tragic Car Accidents

서술형

2 위 글의 밑줄 친 문장을 다음 표현으로 시작하는 문장으로 바꿔 쓰시오.

Interestingly, never ______________________________!

3 위 글에서 별표(*)가 표시된 문장을 모두 해석하시오.

influence [ínfluəns] ⑧ 영향을 주다 experiment [ikspérəmənt] ⑱ 실험 accident [ǽksidənt] ⑱ 사고 researcher [risə́ːrtʃər] ⑱ 연구원 hit [hit] ⑧ 치다 (hit-hit-hit) smash [smæʃ] ⑧ 충돌하다 bump [bʌmp] ⑧ 부딪치다 contact [kɑ́ntækt] ⑧ 접촉하다 following [fɑ́ːlouiŋ] ⑲ 그 다음의 carry out …을 수행하다 [문제] trick [trik] ⑱ 속임수; (골탕을 먹이기 위한) 장난 affect [əfékt] ⑧ 영향을 미치다 prevent [privént] ⑧ 막다, 예방하다

02

Did you know the tomato once had the nickname "poison apple"? 요즘에는, 우리 중 아무도 토마토를 먹는 것을 두려워하지 않는다. *But in the 1700s, many people in Europe, especially those in the upper class, **did** fear tomatoes. That is because some people got sick and died after eating food made with tomatoes. *But **it wasn't** the tomatoes **that** were dangerous. **It was** the plates **that** caused the problem. At that time, most wealthy people's plates were made by mixing tin and lead. Since tomatoes are very acidic, they took a lot of lead from the plates. So people who died after eating those tomatoes actually died from lead poisoning. People didn't know the connection between plates and poison until science revealed the truth. Because of this misunderstanding, tomatoes were hardly eaten in Europe for more than 200 years!

*acidic 산성의

1 위 글의 밑줄 친 this misunderstanding이 의미하는 바로 가장 알맞은 것은?

① Tomatoes must not be eaten uncooked.
② Tomatoes aren't as delicious as red apples.
③ Only people in the upper class can eat tomatoes.
④ There is no relation between tomatoes and poison.
⑤ The food made with tomatoes has a deadly poison in it.

서술형

2 위 글의 밑줄 친 우리말에 맞게 ( ) 안의 단어를 이용하여 문장을 완성하시오.

Nowadays, ______________________________ tomatoes.
(none, us, be afraid of, eat)

3 위 글에서 별표(*)가 표시된 문장을 모두 해석하시오.

nickname [níknèim] 명 별명 upper class 상류 사회, 상류층 fear [fiər] 동 두려워하다 plate [pleit] 명 접시 tin [tin] 명 주석
lead [led] 명 납 poisoning [pɔ́izəniŋ] 명 중독 connection [kənékʃən] 명 관련성 misunderstanding [mìsʌndərstǽndiŋ] 명 오해
[문제] uncooked [ʌnkúkt] 형 익히지 않은 relation [riléiʃən] 명 관계 deadly [dédli] 형 치명적인

Word Review

다음 영어 단어의 우리말 뜻을 적으시오.

1 recognize		21 continue	
2 outer		22 prediction	
3 reflection		23 smooth	
4 move		24 calm	
5 planet		25 cause	
6 plant		26 enjoyable	
7 face		27 graduate	
8 belief		28 interview	
9 incline		29 advertisement	
10 shake		30 imagination	
11 pirate		31 harmful	
12 adjust to		32 influence	
13 in a hurry		33 accident	
14 explore		34 smash	
15 commonly		35 contact	
16 make an effort		36 carry out	
17 encyclopedia		37 prevent	
18 ape		38 nickname	
19 evolve		39 plate	
20 forehead		40 connection	

memo

지은이

NE능률 영어교육연구소

NE능률 영어교육연구소는 혁신적이며 효율적인 영어 교재를 개발하고
영어 학습의 질을 한 단계 높이고자 노력하는 NE능률의 연구조직입니다.

열중16강 독해+문법 〈LEVEL 3〉

펴 낸 이 주민홍
펴 낸 곳 서울특별시 마포구 월드컵북로 396(상암동) 누리꿈스퀘어 비즈니스타워 10층
㈜NE능률 (우편번호 03925)
펴 낸 날 2019년 1월 5일 개정판 제1쇄 발행
2022년 1월 15일 제6쇄
전 화 02 2014 7114
팩 스 02 3142 0356
홈페이지 www.neungyule.com
등록번호 제1-68호
I S B N 979-11-253-2602-1 53740
정 가 9,000원

NE 능률

고객센터

교재 내용 문의 : contact.nebooks.co.kr (별도의 가입 절차 없이 작성 가능)
제품 구매, 교환, 불량, 반품 문의 : 02-2014-7114
☎ 전화문의는 본사 업무시간 중에만 가능합니다.

열여섯 시간에 완성하는 중학 영어 단기 특강

열중16강

독해+문법
LEVEL 3

정답 및 해설

NE 능률

열여섯 시간에 완성하는 중학 영어 단기 특강

열중16강

독해+문법

LEVEL 3

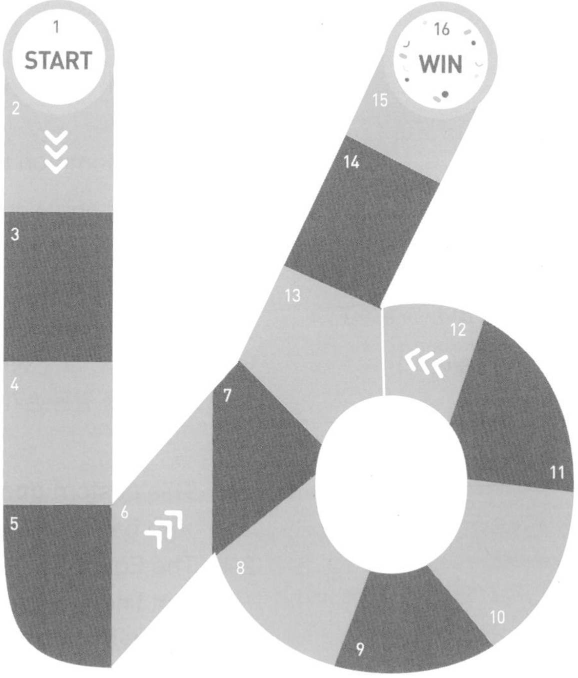

Unit 1 주어

A 짧은 주어

pp. 6-7

Check-up

1. Jenny, Jenny가 그것을 어떻게 알았나요?
2. you, 당신은 제 질문에 대답할 수 있나요?
3. He, 그는 매일 아침에 조깅을 하러 간다.
4. The old, 노인들은 젊은이들보다 더 현명하다.
5. Baseball, 야구는 내가 가장 좋아하는 운동 중 하나다.

어휘 wise[waiz] ⓗ 현명한, 지혜로운 (wise-wiser-wisest) favorite[féivərit] ⓗ 마음에 드는, 매우 좋아하는

B 긴 주어

Check-up

1. Why he did it / was not clear. 그가 왜 그것을 했는지는 확실하지 않았다.
2. To eat late at night / is a bad idea. 밤늦게 먹는 것은 좋지 않은 생각이다.
3. All the windows in the room / are open. 방에 있는 모든 창문들이 열려 있다.
4. Shopping online / has many good points. 온라인으로 쇼핑하는 것은 많은 장점이 있다.

어휘 clear[kliər] ⓗ 분명한, 확실한 online[onlíne] ⓟ 온라인으로

C 긴 주어를 대신하는 it

Check-up

1. It is interesting to talk to Oliver.
2. It is tiring walking to school every day.
3. It was disappointing that she failed the test.

1. Oliver와 이야기를 나누는 것은 재미있다.
2. 매일 학교까지 걸어가는 것은 피곤하다.
3. 그녀가 시험에 떨어진 것은 실망스러운 일이었다.

어휘 tiring[táiəriŋ] ⓗ 피곤한 fail a test 시험에 떨어지다 disappointing[dìsəpɔ́intiŋ] ⓗ 실망스러운

Sentence Writing with Grammar

p. 8

1. He is my best friend.
2. The poor[Poor people] are helping each other.
3. The red cap on that desk is mine.
4. The food that[which] I ate this morning was delicious.
5. climb Mt. Everest is his goal
6. action movies with my friends is fun
7. costs a lot to buy a new computer
8. made me sad that the dog died

어휘 cost[kɔːst] ⓓ (비용이) 들다

Basic Reading

p. 9

A 1. ② 2. Visiting[To visit]

해석 대부분의 사람들은 책을 사기 위해서 서점에 가지만, 어떤 사람들은 El Ateneo에 서점 그 자체를 보러 간다. 그곳은 예전에 오페라 극장이었다. 그곳은 2000년에 서점이 되었다. 오늘날 그곳을 방문하는 것은 당신에게 큰 기쁨을 줄 것이다. 아름다운 발코니에는 많은 책이 꽂혀 있는 책장이 있다. 당신은 무대 위에 있는 아늑한 카페에서 멈추어 쉴 수 있다. 매년 전 세계 수백만 명의 관광객들이 El Ateneo를 방문한다!

구문해설

1행 ... go to the bookstore [**to buy** books], but some people ... [**to see** the bookstore...].
▸to buy, to see: 목적을 나타내는 부사적 용법의 to부정사

2행 It **used to** be an opera theater.
▸used to: …하곤 했다, (예전에는) …였다

4행 **There are** shelves with many books ....
▸There+be동사+주어: …이 있다

문제해설

1 오페라 극장이었던 El Ateneo는 2000년에 서점으로 바뀌었다고 했다.

2 동사 visit을 주어로 써야 하므로, 동명사나 to부정사구의 형태로 써야 한다.

B 1. It is common to wear wedding rings

해석 왼손의 네 번째 손가락에 결혼반지를 끼는 것은 흔한 일이다. 이 관습은 고대 이집트로 거슬러 올라간다. 이집트인들은 정맥이 그 손가락에서 곧장 심장으로 이어진다고 생각했다. 그들은 그 손가락에 반지를 끼는 것이 한 사람의 사랑과 충성심을 보여준다고 믿었다. 그 전통이 오늘날까지 계속되어 사람들은 여전히 결혼반지를 같은 손가락에 낀다.

구문해설

1행 This custom **goes back to** ancient Egypt.
▸go back to: …로 거슬러 올라가다

2행 The Egyptians thought [**that** a vein ran *from* that finger directly *to* the heart].
▸that: think의 목적어로 쓰인 명사절을 이끄는 접속사
▸from A to B: A부터 B까지

문제해설

1 문장의 주어인 '왼손의 … 끼는 것'은 to부정사로 나타낼

수 있는데, 주어가 길어지면 가주어 it으로 대신하고 진주어는 뒤로 보낼 수 있다.

Actual Reading

pp. 10-11

01 **1.** ④ **2.** ③ **3.** 해석의 별표(*)가 있는 문장 참고

해석 당신은 아마 베이비시터가 무엇인지 알 것이다. 그런데 당신은 펫시터에 대해 들어본 적이 있는가? 베이비시터처럼, 펫시터는 다른 누군가를 돌보기 위해 당신의 집을 방문한다. 다른 점은 그들이 반려동물을 돌본다는 것이다! 대부분 사람들은 휴가 기간에 펫시터를 이용한다. *휴가에 반려동물을 데려가는 것은 쉽지 않다. 어떤 장소들이 당신이 반려동물을 데려올 수 있도록 허용해주는 것은 사실이다. 하지만 대개, 당신은 그렇게 하도록 허락되지 않는다. 당신은 반려동물을 집에 혼자 남겨둘 수도 없다. 그들은 매일 먹이와 물을 제공받아야 한다. (집에 홀로 있다면 그들은 자유를 즐길 수 있을 것이다.) *그러므로 펫시터를 고용하는 것은 가장 좋은 선택이 될 수 있다. 당신의 반려동물은 집에서 안전하게 머물 수 있고, 당신은 휴가를 즐길 수 있다.

구문해설

1행 You probably know **what a babysitter is**.
▸의문사+주어+동사: 간접의문문

3행 Most people use pet sitters **while** they *are on vacation*.
▸while: …하는 동안
▸be on vacation: 휴가 중이다

5행 ... some places **let** you **bring** your pets.
▸let A 동사원형: A가 …하는 것을 허락하다

문제해설

1 반려동물을 휴가 여행에 데려갈 수도 없고, 집에 홀로 둘 수도 없으므로 펫시터를 이용하는 것이 좋은 방법이라는 내용이므로 반려동물이 집에서 홀로 자유를 즐길 것이라는 ④는 글의 흐름과 관계가 없다.

2 ① 차고에 있는 것이 당신의 차인가요?
② 내 인생 최악의 날이었다.
③ 제시간에 도착하는 것은 어려울 것이다.
④ 당신의 책을 빌릴 수 있을까요? 그것은 재미있어 보이네요.
⑤ 일기예보에서 내일 비가 내릴 것이라고 했다.
본문의 밑줄 친 It은 진주어인 that절을 대신해서 쓰인 가주어다.

02 **1.** ① **2.** ② **3.** 해석의 별표(*)가 있는 문장 참고

해석 구매자들은 낮은 가격을 좋아한다. 하지만 어떤 제품들은 가격이 더 높을 때 더욱 사랑받는다. 이는 베블런 효과이다. *그 효과를 야기하는 상품들은 보통 보석류나 값비싼 자동차와 같은 사치품들이다. 만약 이 제품들의 가격이 내려가면, 소비자들은 그것들의 품질이 낮다고 생각할지도 모른다. 그에 반해, 가격이 올라가면, 그들은 그 반대로 생각한다. 그러나 그 효과가 어떻게 나타나는지는 나라마다 다르다. 예를 들어, 미국에서 메르세데스는 고급 차이다. 미국인들은 그 차 한 대에 많은 돈을 지불할 것이다. 그렇지만, 그것은 독일에서 흔한 차이다. *독일인들은 미국인들이 지불할 만큼 많은 돈을 지불하지 않을 것이 확실하다. 당신은 이 효과에 대해 알았으니, 높은 가격에 속지 마라. 어떤 기업들은 이 효과를 그들의 마케팅에 이용하고 있다!

구문해설

2행 Products [**that** cause the effect] are usually luxury items ....
▸that: products를 선행사로 하는 주격 관계대명사

4행 **In contrast**, if the price *goes up*, they think the opposite.
▸in contrast: 그에 반해서
▸go up: (가격·기온 등이) 오르다

5행 But [**how the effect appears**] is different from country to country.
▸의문사+주어+동사: 주어로 쓰인 의문사절

8행 **It** is certain **that** German people won't pay *as much as* Americans **will** (pay).
▸It은 가주어, that절이 진주어
▸as+형용사/부사의 원급+as: …만큼 ~한/하게
▸will 다음에는 동사 pay가 생략

문제해설

1 앞 부분에서 구매자들은 가격이 내려가면, 품질도 낮게 생각한다고 했으므로, 그와 반대되는 의미는 ①이다.

2 ②의 주어인 the price는 단수이므로, go는 단수형인 goes가 되어야 한다.

Chapter 1 문장의 주성분 이해

Unit 2 목적어

A 짧은 목적어

pp. 12-13

Check-up

1. milk, Olivia는 매일 우유를 마신다.
2. himself, 그는 경기 중 자기 자신을 다치게 했다.
3. What, 그가 그의 친구들에게 무엇을 말했나요?
4. Mt. Everest, 그녀는 작년에 에베레스트 산을 등반했다.
5. them, 나는 그것들을 슈퍼마켓에서 샀다.

어휘 hurt[həːrt] ⑧ 다치게 하다 climb[klaim] ⑧ 오르다, 올라가다

B 긴 목적어

Check-up

1. Let me know / what to prepare. 제게 무엇을 준비해

야 할지를 알려 주세요.
2. I wonder / where he bought it. 나는 그가 그것을 어디서 샀는지 궁금하다.
3. She didn't expect / to see him. 그녀는 그를 만날 것을 기대하지 않았다.
4. I don't know / if he saw the movie. 나는 그가 그 영화를 봤는지 모른다.
5. Don't stop / following your dreams. 당신의 꿈을 쫓는 것을 멈추지 마세요.

어휘 prepare[pripέər] ⓢ 준비하다 wonder[wʌ́ndər] ⓢ 궁금하다 expect[ikspékt] ⓢ 예상하다, 기대하다 follow[fálou] ⓢ 따르다, 쫓다

C 긴 목적어를 대신하는 it

Check-up

1. to talk to him, 나는 그와 대화하는 것이 즐거운 일이라는 것을 깨달았다.
2. walking backward, 그는 거꾸로 걷는 것이 어렵다고 생각했다.
3. that he was a policeman, 그녀는 그가 경찰관이라는 것을 비밀로 했다.

어휘 backward[bǽkwərd] ⓟ 거꾸로 secret[síːkrit] ⓜ 비밀

Sentence Writing with Grammar p. 14

1. I found her in the bookstore.
2. He introduced himself
3. They wanted to dine at the new restaurant.
4. He explained how to set up the tent.
5. You can avoid catching a cold
6. Brian forgot where he parked his car.
7. She wondered whether[if] the movie was interesting (or not).
8. I think it nice to meet people

어휘 introduce[ìntrədjúːs] ⓢ 소개하다 dine[dain] ⓢ 식사를 하다 explain[ikspléin] ⓢ 설명하다 set up 세우다, 설치하다 avoid[əvɔ́id] ⓢ 방지하다, 막다 catch a cold 감기에 걸리다 park[pɑːrk] ⓢ 주차하다

Basic Reading p. 15

A 1. ⑤ 2. to cut

해석 양파를 썰 때 왜 눈물이 나는가? 양파에는 황이 많이 들어있는 오일의 한 종류가 함유되어 있다. 당신이 양파를 썰면 이 오일이 발산되고 가스가 된다. 이 가스는 공기를 통해 상승하고 당신의 눈을 아프게 한다. 당신이 이 고통을 느낄 때, 울기 시작한다. 당신의 눈물이 눈에서 가스를 씻어내는 데 도움이 된다. 양파를 눈물 없이 썰기를 원한다면, 물 밑에서 썰어라. 물은 오일이 눈을 아프게 하기 전에 그 오일을 씻어낼 것이다.

구문해설

2행 **When** you cut an onion, this oil *is released* and becomes a gas.
▶ when: …할 때, …이면
▶ is released: 수동태

4행 When you feel this pain, you **start to cry**.
▶ start to-v: …하기 시작하다(= start v-ing)

4행 Your tears **help wash away** the gas from your eyes.
▶ help (to-)v: …하는 것을 돕다

문제해설

1 ⑤ 양파를 물 밑에서 썰면 눈물이 나지 않는다고 했다.
2 want는 to부정사구를 목적어로 가지는 동사이므로, to cut으로 써야 한다.

B 1. if you have a good sense of smell

해석 어떻게 당신이 좋은 후각을 가지고 있는지 알 수 있을까? 우리는 흔히 더 큰 코가 냄새를 맡는 데 더 유리하다고 생각한다. 하지만 중요한 것은 콧구멍의 크기이다. 콧구멍의 크기는 또한 사람의 맛보는 능력에도 영향을 준다. 당신의 혀는 음식 맛이 쓴지, 달콤한지, 짠지 또는 신지를 알 수 있다. 하지만 음식 맛의 대부분은 음식의 냄새에서 나온다. 그래서 큰 콧구멍은 아주 유용하다!

구문해설

1행 How can you tell [**if** you have a good *sense of smell*]?
▶if: '…인지', tell의 목적어로 쓰인 명사절을 이끄는 접속사
▶sense of smell: 후각

1행 We **often** think [*that* bigger noses **are better for** smelling].
▶often: '자주', 빈도부사
▶that: think의 목적어인 명사절을 이끄는 접속사
▶be good for: '…에 좋다', better는 good의 비교급

4행 Your tongue can taste [**whether** food is bitter, sweet, salty, or sour].
▶whether: '…인지', taste의 목적어로 쓰인 명사절을 이끄는 접속사

문제해설

1 if는 '…인지'의 의미의 접속사로, 뒤에 「주어+동사+목적어」의 어순으로 단어를 배열해야 한다.

Actual Reading

pp. 16-17

01 **1.** ③ **2.** I don't know how to make new friends
3. 해석의 별표(*)가 있는 문장 참고

해석 Q: *저는 지난주에 막 새 학교에 다니기 시작했어요. 하지만 저는 어떻게 새 친구를 사귈지를 모르겠어요. 저에게 조언을 좀 해주실 수 있나요?

A: 여기 몇 가지 조언이 있습니다. 우선, 자신감을 가지세요. 당신이 자신에게 긍정적이면, 다른 사람들에게 좋은 인상을 줄 것입니다. 두 번째로, 미소를 짓고 많이 웃으세요. *그러면 사람들은 당신이 상냥하다고 생각할 것입니다. *이는 대화를 시작하는 것을 쉽게 만들 것입니다. 세 번째로, 다른 사람들에게 뭔가를 당신과 함께 하자고 청하세요. 예를 들어, 누군가에게 당신과 함께 점심을 먹자고 하거나 체육 시간에 운동 파트너가 되어 달라고 요청할 수 있어요. 그리고 마지막으로, 동아리 활동에 참여하세요. 학교 연극이나 스포츠팀에 지원하는 것은 친구를 사귈 수 있는 아주 좋은 방법입니다. 당신이 이 조언들을 따른다면, 당신은 관심사를 공유하는 많은 새로운 사람들을 만날 것이라고 확신합니다.

구문해설

1행 I just **started going** to a new school last week.
▸start v-ing: '…하기 시작하다', start는 to부정사와 동명사를 모두 목적어로 쓸 수 있음

3행 When you are positive about **yourself**, you will *make a good impression on* others.
▸yourself: 주어와 동일인을 지칭할 때 쓰는 재귀대명사
▸make an impression on: …에게 인상을 주다

5행 This will make **it** easy [**to start conversations**].
▸it은 가목적어, to부정사구가 진목적어

7행 ..., you can **ask** someone **to have** lunch with you or **to be** your exercise partner ....
▸ask A to-v: A에게 …해달라고 요청하다

9행 ... is a great way [**to *make*** *friends*].
▸to make: a great way를 수식하는 형용사적 용법의 to부정사
▸make friends: 친구를 사귀다

10행 ... you will meet many new people [**who** share your interests].
▸who: many new people를 선행사로 하는 주격 관계대명사

문제해설

1 많이 웃으면 사람들에게 친근한 인상을 주어 대화를 나누기 쉬워질 것이라고 했을 뿐, 먼저 다가가 농담을 건네라고 하지는 않았다.

2 '어떻게 …할지'는 how to-v의 형태를 쓴다. '친구를 사귀다'는 make friends라는 표현을 써서 나타낸다.

02 **1.** ③ **2.** ④ **3.** 해석의 별표(*)가 있는 문장 참고

해석 *어떤 옷을 살지 결정하는 것을 싫어하는가? 혹은 옷을 입어보는 데 시간이 너무 많이 걸리는가? 그렇다면, Smart Fitting Room이 도움이 될 수 있다. *이 방의 '스마트 거울'은 당신이 실제로 입어보기 전에 옷들이 당신에게 어떻게 보일지를 보여준다. 당신이 옷에 붙은 꼬리표를 스캔하면, 그것이 거울에 나타날 것이다. 그러면 놀랍게도, 당신이 그것을 입고 있는 것처럼 보일 것이다! 이 새로운 기술은 많은 옷들을 입어보는 일을 빠르고 간단하게 만든다. 당신은 거울에서 다른 옷들을 빠르게 고를 수 있고, 그것들은 즉시 나타날 것이다. 당신은 심지어 그 옷들을 입고 움직일 수 있고, 동시에 여러 상품들을 섞어서 맞춰 볼 수 있다. *만약 당신이 옷을 갈아 입는 것을 싫어하는 쇼핑객이라면, 스마트 거울은 당신의 쇼핑을 훨씬 더 쉽게 해줄 것이다.

구문해설

1행 Do you **hate deciding** *which clothes to buy*?
▸hate v-ing: '…하는 것을 싫어하다', hate는 to부정사와 동명사를 모두 목적어로 쓸 수 있음
▸which ... to-v: 어떤 …것을 ~할지

1행 Or does **trying on clothes** *take* too much *time*?
▸trying on clothes: 문장의 주어로 쓰인 동명사구, try on은 '(옷 등을) 입어 보다'의 의미
▸take time: 시간이 걸리다

5행 ..., it will look like you **are wearing** it!
▸현재진행형

8행 ... mix and match several items **at the same time**.
▸at the same time: 동시에

8행 If you are a shopper [**who** hates to change clothes], ... make your shopping *much* easier.
▸who: a shopper를 선행사로 하는 주격 관계대명사
▸much: '훨씬 더', 비교급 강조

문제해설

1 ① 매우 저렴하게
② 구식으로
③ 빠르고 간단하게
④ 지루하고 피곤하게
⑤ 매우 어려운 일로
옷을 스캔하면 실제로 입은 것처럼 거울에 나타난다고 했으므로, 이 기술은 여러 벌의 옷을 입어보는 일을 빠르고 간단하게 만들 것임을 추론할 수 있다.

2 동사의 목적어로 올 수 있는 의문사절은 「의문사+주어+동사」의 어순으로 써야 하므로, how clothes will look on you가 알맞다.

Unit 3 보어

A 주격보어

pp. 18-19

Check-up

1. friends, Tony와 나는 친구가 되었다.
2. interesting, 이 책은 정말 재미있다.
3. to stay home, 최고의 선택은 집에 머무는 것이다.
4. that the answer is wrong, 사실은 그 답이 틀렸다는 것이다.
5. listening to music, 그는 음악을 들으면서 누워 있었다.

어휘 choice[tʃɔis] 명 선택 stay home 집에 머물다

B 목적격보어

Check-up

1. warm
2. to send
3. fixed
4. knock[knocking]
5. closed

1. 이 차가 너를 따뜻하게 해줄 것이다.
2. Jason은 자신에게 그림들을 보내달라고 내게 말했다.
3. 그녀는 내일 그녀의 차를 수리할 것이다.
4. 나는 누군가가 문을 두드리는 소리를 들었다.
5. 그는 기다리는 동안 계속 눈을 감고 있었다.

어휘 fix[fiks] 동 수리하다 knock[nɑk] 동 두드리다, 노크하다

Sentence Writing with Grammar

p. 20

1. Ted's dream is to become a firefighter.
2. He was sitting reading a book.
3. The question is how we will get the money.
4. I found the story interesting.
5. Tom asked Nicole to marry him.
6. He let us see the picture
7. We smelled something burning
8. Maria had her passport stolen

어휘 firefighter[fáiərfaitər] 명 소방관 burn[bəːrn] 동 (음식 등이) 타다 passport[pǽspɔːrt] 명 여권 steal[stiːl] 동 훔치다

Basic Reading

p. 21

A 1. ③ 2. successfully → successful

해석 어떤 사람들은 십 대들은 너무 어려서 연예인이 될 수 없다고 생각한다. 하지만 나는 동의하지 않는다. 나는 그 사람이 재능이 있다면 나이는 중요하지 않다고 생각한다. 만약 한 십 대의 꿈이 가수나 배우가 되는 것이라면, 그 사람은 자신의 기량을 보여주도록 격려받아야 한다. 이른 나이에 시작하는 것이 훨씬 더 좋을 수도 있다. 그들은 자신의 재능을 발전시키는 데 더 많은 시간을 갖게 된다. 그것은 그들이 그 분야에서 더 일찍 성공하게 할지도 모른다.

구문해설

1행 Some people think (that) teenagers are **too** young **to** be celebrities.
▶too + 형용사/부사 + to-v: 너무 …해서 ~할 수 없는

2행 If a teenager's dream is [**to be a singer or an actor**], ...
▶주격보어로 쓰인 명사적 용법의 to부정사구

4행 [**Starting at an early age**] is *even* better.
▶starting ... age: 문장의 주어로 쓰인 동명사구
▶even: '훨씬 더', 비교급 강조

5행 They have more time [**to develop their talent**].
▶more time을 수식하는 형용사적 용법의 to부정사구

문제해설

1 글쓴이는 십 대들도 재능이 있다면 나이에 상관없이 연예인이 될 수 있다고 주장하고 있다.

2 「make + 목적어 + 목적격보어」 구문에서 목적격보어로 부사가 아니라 형용사를 써야 하므로, successfully를 successful로 고쳐야 한다.

B 1. ③

해석 새의 똥을 본 적이 있는가? 당신은 그것들이 왜 하얗고 물 같은지 궁금해하고 있을지도 모른다. 대답은 새들이 대부분의 동물들과는 다른 소화 체계를 가지고 있다는 것이다. 그들은 소변과 대변을 따로 볼 수 없다. 똥과 액체 배설물이 섞인 채 나오기 때문에 그들의 똥이 하얗고 물 같은 것이다. 사실, 그들의 진짜 똥은 다른 동물들의 똥처럼 더 짙고 더 단단하다.

구문해설

1행 **Have** you ever **seen** a bird's droppings?
▶have v-ed: 현재완료, 이 문장에서는 경험을 나타냄

1행 You may be wondering [**why they are white and watery**].
▶의문사 + 주어 + 동사: 간접의문문

2행 The answer is [**that** birds have a *different* digestive system *than* most animals].
▶that: 명사절을 이끄는 접속사, that절은 주격보어
▶different than: …와 다른

5행 **In fact**, their actual dung is ....
▶In fact: 사실

문제해설

1 주어(dung and the liquid waste)의 상태를 설명하는 주격보어로, 문맥상 '섞인 채'라는 수동의 의미가 되어야

하므로 과거분사인 mixed로 써야 한다.

Actual Reading

pp. 22-23

01 **1.** ④ **2.** A psychologist had some people stand **3.** 해석의 별표(*)가 있는 문장 참고

해석 무엇이 사람들을 더 강하게 하는가? 그들이 고통을 견디도록 돕는 것은 무엇인가? 한 실험에 따르면, 그 대답은 명확하다. 바로 '격려'이다. 한 심리학자가 몇 명의 사람들에게 얼음물 양동이 안에 서 있게 했다. 그러고 나서, 그는 그들이 그 양동이 안에 얼마나 오랫동안 서 있는지를 기록했다. *참가자들 중, 한 사람은 다른 사람들보다 두 배나 더 오래 서 있었다. 무엇이 차이를 만들었을까? *그 사람의 친구들은 그에게 잘하고 있다고 말했고, 계속하라고 그를 격려했다. 실험에 참가한 다른 사람들은 전혀 어떠한 격려도 받지 않았다. 이는 격려의 힘이 매우 크다는 것을 보여준다. *따라서 다음에 당신의 친구가 힘든 일을 하고 있다면, 그 사람에게 힘내고 계속하라고 말해라. 정말 효과가 있을 것이다!

구문해설

1행 What **makes people stronger**?
▶make+목적어+목적격보어(형용사): …을 ~되게 하다

2행 **According to** one experiment, ..."
▶according to: …에 따르면

3행 Then he recorded [**how long they stood in the bucket**].
▶의문사+주어+동사: 간접의문문

4행 Of all the participants, **one** person stayed standing *twice as long as* **the others**.
▶one ..., the others ~: (셋 이상의 무리에서) 하나는 …, 나머지는 ~
▶twice as+형용사/부사의 원급+as: …보다 두 배 더 ~한/하게

6행 ... and **encouraged** him **to *keep*** *trying*.
▶encourage A to-v: A가 …하도록 격려하다
▶keep v-ing: 계속 …하다

7행 The other people in the experiment were**n't** given any encouragement **at all**.
▶not ... at all: 전혀 … 않다

9행 ..., **tell** him or her **to cheer up**, and **to keep** going.
▶tell A to-v: A에게 …하라고 말하다

문제해설

1 ① 잔인한 실험
② 스트레스의 원인
③ 얼음물의 위험성
④ 격려가 어떻게 도움이 되는가
⑤ 좋은 친구를 사귀는 법
격려가 사람을 더 강인하게 만들고 고통을 견디게 할 수 있다는 내용의 글이므로, ④가 글의 제목으로 적절하다.

2 '…가 ~하게 하다'의 의미는 「사역동사+목적어+목적격보어(동사원형)」를 써서 나타낼 수 있다.

02 **1.** (A) the waste (B) biogas **2.** ④ **3.** 해석의 별표(*)가 있는 문장 참고

해석 요즘 태양에너지와 풍력이 친숙한 에너지원이 되고 있다. 하지만 새로운 형태의 에너지가 있다. 바로 '똥 에너지'이다. 독일의 뮌헨 동물원은 이 에너지를 만들어서 사용해 오고 있다. *그 동물원의 코끼리들은 매일 약 100kg의 음식을 먹는 대식가들이다. 그러나 그들은 위에서 그것을 그렇게 잘 분해하지 못한다. 그래서 그들은 에너지가 풍부한 거대한 똥 덩어리들을 만들어낸다. *동물원은 그 배설물을 모으고, 그것을 물과 섞어 탱크 안에 밀봉해 둔다. 30일 후에, 이것은 휘발유처럼 연료로 사용될 수 있는 생물 가스를 생성한다. 그리고 그것은 동물원에서 사용할 수 있는 전기와 열을 만든다. 동물원 측은 이 에너지가 그들에게 많은 도움이 된다고 말한다. 그것은 더욱 환경친화적이며 동시에 비용을 절약하게 해준다.

구문해설

2행 Munich Zoo in Germany **has been producing** and **using** this power.
▶have been v-ing: 현재완료진행, '…해 오고 있다'

3행 ..., elephants are big eaters [**who** eat around 100 kilos of food *each day*].
▶who: big eaters를 선행사로 하는 주격 관계대명사
▶each day: 매일, 날마다

6행 The zoo collects the waste, mixes it with water and **leaves it sealed** in a tank.
▶leave+목적어+목적격보어(과거분사): …가 ~된 채로 두다

8행 Then it makes electricity and heat [**that** the zoo can use].
▶that: electricity and heat을 선행사로 하는 목적격 관계대명사

9행 It is more eco-friendly and saves money **at the same time**.
▶at the same time: 동시에

문제해설

1 (A) it은 바로 앞에서 언급된 배설물(the waste)을 지칭하고, (B) it은 앞 문장에서 언급된, 연료로 쓸 수 있는 생물 가스(biogas)를 지칭한다.

2 ① 그녀는 새 학교에서 행복해 보인다.
② 그는 마침내 의상 디자이너가 되었다.
③ 나의 직업은 아이들에게 영어를 가르치는 것이다.
④ 나는 그녀의 새 소설이 정말 재미있다는 것을 알았다.
⑤ 그 집은 수년 동안 빈 채로 있었다.
본문의 familiar energy sources는 주격보어이고, ④의 interesting은 목적어의 상태를 설명하는 목적격보어이므로 문장성분이 다르다.

Word Review
p. 24

1. 현명한, 지혜로운 **2.** 실망스러운 **3.** 시험에 떨어지다 **4.** 아늑한 **5.** 관습, 풍습 **6.** 곧장, 똑바로 **7.** 충성심 **8.** 차이, 다름 **9.** …을 돌보다 **10.** 허락하다, 용납하다 **11.** 밥을 먹이다, 먹이를 주다 **12.** 영향; 효과 **13.** 소비자 **14.** 품질 **15.** 반대 **16.** 예상하다, 기대하다 **17.** 세우다, 설치하다 **18.** 방지하다, 막다 **19.** 영향을 미치다 **20.** 유용한 **21.** 자신감 있는 **22.** 긍정적인 **23.** 인상, 느낌 **24.** 즉시 **25.** 몇몇의 **26.** 여권 **27.** 연예인, 유명인 **28.** 동의하지 않다 **29.** 재능이 있는 **30.** 격려하다 **31.** 따로따로 **32.** 액체 형태의 **33.** 실험 **34.** 참가자 **35.** 거대한 **36.** 잔인한 **37.** 심리학자 **38.** 원천, 근원 **39.** (물질을) 분해하다 **40.** 환경 친화적인

Chapter 2 동사의 이해

Unit 1 시제

A 진행형
pp. 26-27

Check-up

1. will be flying, 그는 뉴욕으로 날아가고 있을 것이다.
2. was having, 나는 저녁을 먹고 있었는데 그때 Alice가 왔다.

어휘 fly[flai] ⓓ 날다, 비행하다

B 현재완료, 과거완료, 완료진행형

Check-up

1. has moved, Brian은 런던으로 막 이사했다.
2. have been, 우리는 5년 동안 친구로 지내고 있다.
3. had finished, 그녀가 도착했을 때 나는 막 저녁을 다 먹었다.
4. has been working, 그녀는 쉬는 시간 없이 계속 일하고 있다.
5. had been sitting, 그 학생들은 세 시간째 계속 앉아 있었다.

어휘 finish[fíniʃ] ⓓ 끝내다; *(음식을) 마저 먹다 break[breik] ⓜ 휴식, 쉬는 시간

C 주의해야 할 시제 관련 용법

Check-up

1. having, 우리는 오늘 밤 파티를 열 것이다.
2. meets, 그녀를 만나면 Sam은 그녀를 좋아할 것이다.
3. is, 날씨가 화창하면 그들은 소풍을 갈 것이다.

어휘 have a party 파티를 열다 go on a picnic 소풍을 가다

Sentence Writing with Grammar
p. 28

1. Michael is doing his homework
2. I was watching TV when she called me.
3. I will be playing basketball with my friends
4. They have been married for 20 years.
5. Alex had lost his bicycle
6. Sarah has been reading a book all day.
7. we had been playing baseball for two hours
8. We are visiting Hong Kong tomorrow. 또는 We will[are going to] visit Hong Kong tomorrow.

어휘 do one's homework 숙제를 하다 marry[mǽri] ⓓ 결혼하다

Basic Reading
p. 29

A **1.** ④ **2.** (A) waiting (B) attached

해석 독일 드레스덴의 어떤 관광객들은 계속 비를 기다리고 있다. 그곳에는 빗속에서 음악을 연주하는 건물이 있다. 그들은 그것을 듣기를 기대하고 있다! 이 건물에 거주하는 3명의 독일 예술가들은 외벽에 배수관과 깔때기를 설치했다. 비가 오면, 건물 꼭대기에 있는 깔때기가 물을 모은다. 그러면 그 물이 긴 파이프를 통해 흘러내리면서 독특한 소리를 낸다. 정말 커다란 악기다!

구문해설

2행 **There is** a building there [*that* plays music in the rain].
▸There + be동사 + 주어: …이 있다
▸that: a building을 선행사로 하는 주격 관계대명사

3행 Three German artists [**living in this building**] have attached ....
▸living ... building: Three German artists를 수식하는 현재분사구

6행 **What a huge instrument**!
▸what + a/an + 형용사 + 명사: '얼마나 …한가', 감탄문

문제해설

1 건물 내벽이 아닌 외벽에 배수관이 설치되어 있다고 했다.

2 (A) 과거부터 현재까지 계속 진행 중인 동작은 현재완료 진행형으로 나타내므로 wait를 waiting으로 바꿔야 한다.
(B) 과거에 시작되어 현재까지 영향을 주는 일은 현재완료로 나타내므로 attach를 attached로 바꿔야 한다.

B **1.** ⑤ **2.** He had not eaten anything

해석 배고픈 여우가 먹이를 찾고 있었다. 그는 이틀 동안 아무것도 먹지 못했다. 그리고 그는 까마귀를 보았다. 그는 나무 높은 곳에 있었다. 까마귀는 그의 부리에 큰 빵 조각을 물고 있었다. 그래서 여우가 말했다. "안녕 까마귀! 너는 너무나 매력적인 새야. 네 이름이 뭐니?" 까마귀가 입을 열었을 때, 그는 빵을 떨

어뜨렸다. 영리한 여우가 이것을 기다리고 있었다. 그는 빵을 잡아서 먹었다.

구문해설

1행 A hungry fox **was looking** for food.
▶ was[were] v-ing: 과거진행형

2행 The crow **was holding** *a* large *piece of* bread in his beak.
▶ was[were] v-ing: 과거진행형
▶ a piece of: 한 조각의 … (빵을 세는 단위)

4행 You are **such a charming bird**.
▶ such+a(n)+형용사+명사: 너무나 …한 ~

5행 The clever fox **had been waiting** for this.
▶ had been v-ing: 과거완료진행형

문제해설

1 ⑤의 He는 여우를 가리키고, 나머지는 모두 까마귀를 가리킨다.

2 과거완료의 부정형은 had not v-ed의 형태이다.

Actual Reading

pp. 30-31

01 **1.** ④ **2.** this program has helped many poor children (to) find good jobs **3.** 해석의 별표(*)가 있는 문장 참고

해석 음악 교육은 사람들의 삶을 변화시키는 힘을 가지고 있다. 베네수엘라의 El Sistema 프로그램이 이것의 실제 사례이다. 수년 전 베네수엘라에서는 부유한 아이들만 클래식 음악을 연주하는 것을 배울 수 있었다. 하지만 이제는 El Sistema 덕분에 가난한 아이들도 악기를 배울 수 있다. 그들은 악기나 수업에 대해 비용을 지불할 필요가 없다. 지난 40년간 이 프로그램은 많은 가난한 아이들이 음악가로서 좋은 일자리를 찾을 수 있도록 도와 왔다. *예를 들어, Edicson Ruiz는 El Sistema에서 교육을 받은 후에 베를린 필하모닉 오케스트라에 들어갔다. 그는 당시에 고작 17살이었고, 역대 가장 어린 오케스트라 단원이었다! *Edicson을 비롯하여 El Sistema는 500,000명이 넘는 어린 베네수엘라 사람들을 음악가로 바꿔 왔다. *그것은 아주 성공적이어서 이제 많은 다른 국가들이 그것을 따라하고 있다.

구문해설

1행 Music education has the power [**to change people's lives**].
▶the power를 수식하는 형용사적 용법의 to부정사구

3행 ..., only rich children could learn [**to play classical music**].
▶learn의 목적어로 쓰인 명사적 용법의 to부정사구

9행 ..., El Sistema **has *turned*** over 500,000 young Venezuelans *into* musicians.
▶have v-ed: 현재완료, 이 문장에서는 계속의 의미
▶turn A into B: A를 B로 바꾸다

10행 It has been **so** successful **that** now many other countries are copying it.
▶so+형용사/부사+that: 매우 …해서 (그 결과) ~하다

문제해설

1 ① 사람들을 즐겁게 하는
② 아픈 마음을 치료하는
③ 창의력을 북돋는
④ 사람들의 삶을 변화시키는
⑤ 학생들이 공부를 더 잘하도록 돕는
음악 교육이 가난한 아이들이 음악가가 될 수 있는 길을 열어줌으로써 인생을 변화시키고 있다는 내용의 글이므로 빈칸에는 ④가 알맞다.

2 지난 40년간 아이들이 일자리를 찾는 것을 도와 왔다는 내용은 계속의 의미를 갖는 현재완료 시제와 「help+목적어+동사원형[to부정사]」 구문을 이용한다.

02 **1.** ③ **2.** ② **3.** 해석의 별표(*)가 있는 문장 참고

해석 만약 미래에 당신이 꿈꾸던 직업이 사라진다면, 어떻게 할 것인가? 미래학자인 Thomas Frey는 2030년까지 20억 개의 직업이 사라질 것이라고 예상했다. 그것은 현재 존재하는 직업의 거의 50%이다. 기술이 발전하면서 인간의 노동력을 필요로 하는 직업들은 줄어들 것이다. *예를 들어, 우리는 운전사가 필요 없는 기술을 개발해 오고 있기 때문에, 결국 택시나 버스 혹은 트럭 운전사들이 필요하지 않게 될 것이다. *또한, 온라인으로 모두에게 개방된 강의들이 인기를 얻고 있다. 이는 우리가 학교에 가지 않고 배울 수 있고, 교사나 강사들의 필요성이 적어진다는 것을 의미한다. 마지막으로 3D 인쇄 기술이 빠르게 향상되고 있다. 이 기술로, 사람들은 의류에서부터 자동차까지 모든 것들을 스스로 만들 수 있게 될 것이다. 만약 우리가 스스로 물건을 만들 수 있다면, 제조업자들도 자신의 직업을 잃게 될 것이다.

구문해설

2행 That is almost 50% of the jobs [**that** currently exist].
▶that: the jobs를 선행사로 하는 주격 관계대명사

4행 For example, **as** we *have been developing* driverless technology, ...
▶as: '…이므로', 이유를 나타내는 접속사
▶have been v-ing: 현재완료진행형, 과거부터 현재까지 동작이 계속 진행되고 있음을 나타냄

6행 Also, lectures [**that** are open to everyone online] are gaining popularity.
▶that: lectures를 선행사로 하는 주격 관계대명사

10행 ... everything **from** clothes **to** cars *themselves*.
▶from A to B: A부터 B까지
▶himself: '직접', 강조용법의 재귀대명사로 생략 가능

문제해설

1 ① 기술의 발달
② 가장 인기 있는 미래 직업들
③ 미래 직업의 변화

④ 유망한 직업을 고르는 법
⑤ 기술이 우리의 삶을 어떻게 변화시켰는가
기술이 발달하면서 미래에는 인간의 노동력을 필요로 하는 직업들이 사라지게 될 것이라는 내용의 글이므로 ③이 제목으로 가장 적절하다.

2 (A) 시간이나 조건을 나타내는 부사절에서는 미래의 일도 현재시제로 나타내므로 disappears가 알맞다.
(B) 2030년까지 20억 개의 직업이 사라지게 될 것이라는 미래의 일을 나타내고 있으므로 will disappear가 알맞다.

Chapter 2 동사의 이해

Unit 2 수동태 1

A 수동태의 형태와 의미 pp. 32-33

Check-up

1. was painted
2. are exported
3. were hit
4. was stolen
5. will be sold

어휘 export[ikspɔ́ːrt] ⑧ 수출하다 steal[stiːl] ⑧ 훔치다

B 수동태를 쓸 수 없는 동사

Check-up

1. rises
2. lacks
3. resembles
4. was reported

1. 태양은 동쪽에서 뜬다.
2. 그는 유머감각이 부족하다.
3. Sally는 그녀의 엄마를 닮았다.
4. 그 사고는 뉴스에 보도되었다.

어휘 rise[raiz] ⑧ 오르다; *(해가) 뜨다 lack[læk] ⑧ 부족하다 resemble[rizémbl] ⑧ 닮다 accident[ǽksidənt] ⑲ 사고 report[ripɔ́ːrt] ⑧ 보도하다

C 수동태의 여러 형태

Check-up

1. can't[cannot] be understood
2. to be paid
3. being caught
4. are being taught
5. hasn't been solved

1. 저 이야기는 쉽게 이해되지 않는다.
2. 나는 더 많은 돈이 지불되기를 원한다.
3. 그는 경찰에 잡히는 것을 두려워하지 않는다.
4. 우리는 Brown 선생님에 의해 가르침을 받고 있다.
5. 그 수수께끼는 아직 풀리지 않았다.

어휘 mystery[místəri] ⑲ 수수께끼, 미스터리

Sentence Writing with Grammar p. 34

1. This opera was composed by Mozart.
2. The school was founded in 1987.
3. Jessica wasn't[was not] fooled
4. These facts must not be forgotten.
5. Betty wants to be treated
6. The dog doesn't enjoy being touched
7. She was being followed by somebody.
8. The song has been sung for over 50 years.

어휘 compose[kəmpóuz] ⑧ 구성하다; *작곡하다
found[faund] ⑧ 설립하다 (found-founded-founded)
fool[fuːl] ⑧ 속이다 treat[triːt] ⑧ 대하다, 대접하다

Basic Reading p. 35

A 1. 1) 다른 사람의 창의적인 작품을 훔치는 범죄 행위이기 때문에 2) 안전하지 않은 재료들이 사용되어 다칠 수 있기 때문에 2. (A) made (B) been hurt

해석 일부 사람들이 값비싼 사치품을 저렴한 가격에 갖기를 원하기 때문에 많은 위조 물품들이 만들어지고 팔린다. 지갑, 시계, 심지어 자동차들도 복제되고 있다. 그것들은 아주 진짜처럼 보여서 전문가들조차 그것들이 가짜라는 것을 알 수 없다. 하지만 다른 사람의 창의적인 작품을 훔치는 것은 범죄 행위이다. 또한 때때로 안전하지 않은 재료들이 복제품에 사용되고, 사람들은 그것들로 인해 다쳐 왔다. 모두의 이익을 위해 위조 물품들은 더는 만들어지거나 구입되어서는 안 된다.

구문해설

3행 They look **so** real **that** even experts **can't** tell they are fakes.
▸so + 형용사/부사 + that + 주어 + can't: 너무 …해서 ~할 수 없다

4행 But **it** is a crime [**to steal other people's** ...].
▸it은 가주어, to부정사구가 진주어

문제해설

1 왜 우리는 위조 물품을 만들거나 구입해서는 안 되는가?
상품 복제는 다른 사람의 창의적인 제품을 훔치는 범죄 행위이며, 안전하지 않은 재료들이 사용되어 사람들이 다칠

수 있기 때문에 제조하거나 구매해서는 안 된다고 했다.

2 (A) 문맥상 위조 제품들이 '만들어지고' 있으므로 made가 알맞다.
(B) 위조 제품들로 인해 사람들이 '다쳐' 왔으므로 현재완료 수동형인 been hurt가 알맞다.

B 1. many accidents can be avoided

해석 뜨거운 것을 만져서 화상을 입은 적이 있는가? 이것과 같은 고통스러운 사건은 대개 당신의 뇌에 저장된다. 결과적으로, 많은 사고가 방지될 수 있다. 인간의 지능이 이것을 가능하게 한다. 행동과 결과가 기억되고, 더 나은 결정이 내려진다. 이것이 인간의 지능과 인공 지능 간의 주요 차이점이다. 기계는 인간보다 많은 정보를 처리할 수 있지만, 학습하고 현명한 결정을 내리는 것은 기계가 하기에 여전히 어렵다. 과학자들은 기계에 이러한 능력을 부여하고자 한다. 그것은 어려운 목표이지만, 곧 달성될지도 모른다.

구문해설

1행 **Have** you ever **been burned** because you touched *something hot*?
▶ have been v-ed: 현재완료 수동태(경험)
▶ -thing으로 끝나는 대명사는 형용사가 뒤에서 수식함

2행 Painful events **like** these *are* usually *stored* in your brain.
▶ like: …처럼(전치사)
▶ are stored: 수동태

3행 Human intelligence **makes this possible**.
▶ make + 목적어 + 목적격보어(형용사): …을 ~한 상태로 만들다

5행 Machines can process **more** information than humans, but *learning and making intelligent decisions* are still hard for **them**.
▶ more: 형용사 much의 비교급
▶ learning and making intelligent decisions: 문장의 주어로 쓰인 동명사구
▶ them: 앞에 나온 Machines를 가리킴

8행 It's a difficult goal, but it **may be reached** soon.
▶ may be reached: 조동사가 있는 수동태(조동사 + be v-ed)

문제해설

1 조동사가 있는 수동태는 「조동사 + be v-ed」의 형태이다.

Actual Reading

pp. 36-37

01 1. ② 2. is appeared → appears
3. 해석의 별표(*)가 있는 문장 참고

해석 *Poi는 하와이 사람들에게 사랑받아 온 특별한 음식이다. 그것의 주재료는 타로토란이라고 불리는 식물이다. *Poi를 만들기 위해 그 식물의 뿌리는 익힌 다음 으깨져야 한다. 갓 만들어진 poi는 연보라색을 띠며 아주 달콤한 맛이 난다. 하지만 시간이 지나면서 맛이 시어진다. *그러면 그것을 더 맛있게 만들기 위해 우유나 설탕 같은 것들이 첨가된다. 많은 사람들은 그것이 벽지용 풀처럼 생겼고 그런 맛이 난다고 생각하지만, 그것은 하와이 사람들에게 신성한 음식이다. 그들은 poi가 하와이 사람들의 조상인 Haloa와 관계가 있다고 생각한다. Poi의 뚜껑이 덮여 있지 않을 때마다 그의 영혼이 나타난다고 여겨진다. 그래서 식탁에 앉은 모든 사람들은 poi가 덮여 있지 않으면 말다툼을 멈춰야 한다!

구문해설

1행 Poi is a special food [**that** *has been loved* by the Hawaiian people].
▶ that: a special food를 선행사로 하는 주격 관계대명사
▶ have been v-ed: 현재완료 수동태, 이 문장에서는 계속의 의미

2행 **To make** poi, the roots of the plant *must be cooked* and then *mashed.*
▶ To make: 목적을 나타내는 부사적 용법의 to부정사
▶ must be v-ed: …되어야 한다

3행 [**Freshly made**] poi is pale purple, and it tastes very sweet.
▶ Freshly made: poi를 수식하는 과거분사구

7행 They think poi **is related to** Haloa, the Hawaiian people's ancestor.
▶ be related to: …와 관계가 있다

8행 **It** is believed [**that** his spirit appears whenever poi is uncovered].
▶ It은 가주어, that절이 진주어

문제해설

1 갓 만들어진 poi는 달콤한 맛이 난다고 했다.

2 동사 appear는 수동태로 쓸 수 없는 자동사이므로 is appeared를 appears로 고쳐야 한다.

02 1. ③ 2. (A) was invented (B) been invented
3. 해석의 별표(*)가 있는 문장 참고

해석 대부분의 사람들은 잠수함이 현대의 발명품이라고 생각한다. *하지만 그것이 언제 처음 만들어졌는지를 듣게 된다면 놀랄지도 모른다. 최초의 잠수함은 1620년 네덜란드의 발명가인 Cornelius van Drebbel에 의해 발명되었다. 그의 잠수함 형태는 현대의 것과는 아주 달랐다. *여기 그의 잠수함이 어떻게 만들어졌는지가 있다. 우선 나무 배는 방수 처리가 된 가죽으로 단단히 싸였다. 그러고 나서 내부에 있는 사람들에게 산소를 공급하기 위해 공기관들이 추가되었다. 엔진이 아직 발명되지 않았기 때문에 잠수함은 사람들에 의해 동력을 얻어야 했다. *첫 번째 항해에서, 잠수함은 12명의 노 젓는 사람들에 의해 움직여졌다. 그 이후로 잠수함은 개선되었다. 이제 그것들은 사람들이 아닌 엔진에 의해 움직여진다. 그리고 디젤 연료와 원자력이 그

것들을 작동시키는 데 사용된다.

구문해설

1행 However, you may be surprised **to hear** [*when it was first created*].
▶to hear: 감정의 원인을 나타내는 부사적 용법의 to부정사
▶when ... created: 목적어로 쓰인 의문사절

3행 His version of the submarine **was** quite **different from** the modern *one*.
▶be different from: …와 다르다
▶one: submarine을 대신해서 쓰인 부정대명사

6행 Then air tubes were added **to supply** oxygen to people [*who* were inside].
▶to supply: 목적을 나타내는 부사적 용법의 to부정사
▶who: people을 선행사로 하는 주격 관계대명사

8행 Submarines have improved **since then.**
▶since then: 그 이후에

문제해설

1 ① 잠수함이 이동하는 방법
② 가장 위대한 네덜란드 발명가
③ 역사상 최초의 잠수함
④ 잠수함 안에서의 사람들의 삶
⑤ 엔진의 발달 과정
1620년에 최초로 만들어진 잠수함에 대해 설명하고 있으므로 ③이 제목으로 가장 적절하다.

2 (A) 문맥상 1620년에 최초의 잠수함이 '발명된' 것이므로 was invented로 고쳐 써야 한다.
(B) 최초의 잠수함이 발명된 과거의 그 시점까지 엔진이 '발명되지' 않았다는 내용으로 과거완료 수동태를 써야 한다. 따라서 been invented로 고쳐 써야 한다.

Chapter 2 동사의 이해

Unit 3 수동태 2

A 4형식 문장의 수동태 pp. 38-39

Check-up

1. First prize was given to Julie by the judges.
2. Yvonne was sent red roses by him.
3. A birthday cake was made for Seth by her.

1. 심사위원들은 Julie에게 일등상을 주었다. → 일등상은 심사위원들에 의해 Julie에게 주어졌다.
2. 그는 Yvonne에게 빨간 장미를 보냈다. → Yvonne는 그에 의해 빨간 장미를 받았다.
3. 그녀는 Seth에게 생일 케이크를 만들어 주었다. → 생일 케이크가 그녀에 의해 Seth를 위해 만들어졌다.

어휘 first prize 1등상

B 5형식 문장의 수동태

Check-up

1. I was advised to study law by my professor.
2. Cindy was made to close her eyes by David.

1. 나의 교수님은 나에게 법을 공부하라고 조언했다. → 나는 나의 교수님에 의해 법을 공부하도록 조언을 받았다.
2. David는 Cindy가 눈을 감게 했다. → Cindy는 David에 의해 눈을 감게 되었다.

어휘 advise[ədváiz] ⓢ 조언하다 law[lɔː] ⓜ 법; *법학

C 동사구의 수동태

Check-up

1. My dog will be looked after by her.
2. My cat was run over by a car yesterday.

1. 그녀가 내 개를 돌볼 것이다. → 내 개는 그녀에 의해 돌보아질 것이다.
2. 차가 어제 내 고양이를 쳤다. → 내 고양이는 어제 차에 의해 치였다.

어휘 look after …을 돌보다 run over (차가 사람을) 치다

D by 이외의 전치사를 쓰는 수동태

Check-up

1. of, 이 탁자는 나무로 만들어졌다.
2. at, 그녀는 그 소식에 놀라지 않았다.
3. with, 너는 네 성적에 만족하니?

어휘 grade[greid] ⓜ 등급; *성적

Sentence Writing with Grammar p. 40

1. was given this Christmas card by Dylan
2. was shown to me by Nora
3. was bought for Olivia by her grandma
4. is called Teddy by his friends
5. was made to work on Saturday by his company
6. was laughed at by her friends
7. Her room is filled with dolls.
8. What is this ice cream made from?

어휘 laugh at …을 비웃다, 놀리다

Basic Reading p. 41

A 1. ⑤

해석 매번 올림픽 경기의 시작 전에, 올림픽 성화가 그리스에서 점화된다. 그러고 나서 그것은 릴레이로 올림픽 경기장으로 운반된다. 이 상징적인 행위는 현대 경기와 고대 경기를 연결한다. 당신은 성화가 얼마나 멀리 이동하는지에 놀랄지도 모른다. 그것은 전 세계 수천 개의 도시들을 통과한다. 마지막으로 올림픽 경기장에 도착하면, 그것은 올림픽 성화를 점화하는 데 사용된다.

구문해설

3행 This symbolic gesture **connects** the modern games **with** the ancient games.
▶connect A with B: A와 B를 연결하다

4행 You may **be surprised at** *how far the torch travels*.
▶be surprised at: …에 놀라다
▶의문사+주어+동사: 간접의문문

4행 It **passes through** *thousands of* cities all over the world.
▶pass through: …을 통과하다
▶thousands of+복수명사: 수천의 …

문제해설

1 ⑤ 문장의 주어인 it(=the torch)은 올림픽 성화를 점화하는 데 '사용되는' 것이므로 수동태인 is used to light가 되어야 한다.

B 1. ④ 2. a turkey was given an official presidential pardon by President Bush 또는 an official presidential pardon was given to a turkey by President Bush

해석 미국 백악관에는 특별한 추수감사절 전통이 있다. 매해, 대통령이 칠면조 한 마리를 사면한다. 이 전통은 에이브러햄 링컨에 의해 시작된 것으로 여겨진다. 하지만 그것은 계속되지 않았다. 이후 1989년에, 부시 대통령이 칠면조 한 마리에게 공식적인 대통령 사면을 부여했다. 그 전통은 그 이후로 매년 지켜져 왔다. 사면된 칠면조는 디즈니랜드로 보내지고, 그들은 추수감사절 퍼레이드에 참여한다.

구문해설

2행 This tradition **is believed *to*** *have been started* by Abraham Lincoln.
▶be believed to-v: …라고 여겨지다
▶to have been v-ed: 주절(현재)보다 이전에 일어난 일을 나타냄

5행 The tradition **has been followed** each year since then.
▶have been v-ed: 현재완료 수동태

문제해설

1 중단되었던 칠면조 사면 전통이 부시 대통령 때 다시 시작되었다고 했다.

2 동사 give가 쓰인 4형식 문장이므로 간접목적어와 직접목적어를 각각 주어로 하는 두 개의 수동태 문장을 만들 수 있다. 간접목적어를 주어로 해서 수동태를 만들 때는 「be동사+v-ed+직접목적어+by+행위자」의 형태로, 직접목적어를 주어로 해서 수동태를 만들 때는 「be동사+v-ed+to 간접목적어+by+행위자」의 형태로 쓴다.

Actual Reading

pp. 42-43

01 1. ④ 2. ④ 3. 해석의 별표(*)가 있는 문장 참고

해석 *2013년 6월에, 그림 한 점이 런던 경매에서 한 구매자에게 75만 파운드에 팔렸다. 모든 사람들은 그 그림이 그렇게 높은 가격에 팔렸다는 것에 놀랐다. 그것은 그 예술가의 신원이 미상이었기 때문이다. 그는 그저 영국 낙서 예술가인 Banksy로 알려져 있다. 그의 실명과 얼굴, 그리고 심지어 나이도 밝혀진 적이 없다. 하지만 그는 그의 독특한 스타일의 낙서로 아주 잘 알려져 있다. 사람들은 그의 그림에 녹아 있는 유머와 의미 때문에 그의 그림들을 좋아한다. *예를 들어, 그의 그림 한 점은 '지칠 때까지 쇼핑하기'라고 불린다. 이것은 추락하고 있는 도중에도 쇼핑 카트를 잡고 있는 한 여성의 모습을 보여준다. 이 그림은 쇼핑 중독이라는 주제를 유머러스한 방식으로 보여준다. 하지만, 낙서는 영국에서 허용되지 않아서, 그는 새로운 작품을 만든 직후 사라진다.

구문해설

4행 His real name, face, and even age **have** never **been revealed**.
▶have been v-ed: 현재완료 수동태

6행 People like his paintings **because of** the humor and meaning in them.
▶because of+명사(구): … 때문에

7행 **..., one of his paintings is called *Shop until You Drop*** (by people).
▶5형식 문장의 수동태로, *Shop until You Drop*이 보어

8행 It shows a woman [**holding a shopping cart *while* she is falling down**].
▶holding ... down: a woman을 수식하는 현재분사구
▶while: …하는 동안

문제해설

1 ① 이기적인 ② 솔직한 ③ 근면한
④ 비밀스러운 ⑤ 마음이 따뜻한
그에 대해 알려진 것이 거의 없고, 작품을 그리고 나서도 바로 사라진다고 했으므로 비밀스럽다고 묘사하는 것이 가장 알맞다.

2 (A) '…로서 알려지다'라는 의미로 자격을 나타낼 때는 be known as를 쓴다.
(B) '…로 유명하다'라는 의미로 이유를 나타낼 때는 be known for를 쓴다.

02 1. ⑤ 2. golf balls are covered with tiny

dimples 3. 해석의 별표(*)가 있는 문장 참고

해석 골프공을 자세히 보면, 당신은 흥미로운 것을 알게 될 것이다. 다른 공들과는 달리, 골프공들은 작은 홈들로 뒤덮여 있다. 그것들은 왜 이런 식으로 만들어질까? *오래 전에, 골프공들은 고무와 나무로 만들어졌다. 그것들은 볼링공처럼 아주 매끄러웠다. 그래서 그것들은 쉽게 흠집과 움푹 들어간 곳들이 생겼다. 하지만, 그런 공들이 더 멀리 날아간다는 것이 밝혀졌다. 선수들은 매끄러운 새 공보다 흠집 난 오래된 공들을 더 좋아했다. *그래서 골프공들은 미리 움푹 들어가게 만들어지기 시작했다! 그러면 그 홈들은 어떤 효과가 있을까? 그것들은 공 위에서 움직이는 공기의 속도를 낮춘다. 동시에, 그것들은 공 아래의 공기 속도를 높인다. 이는 공기 저항을 줄이고, 공이 더 멀리 가게 한다. 그것들은 이상해 보일지도 모르지만, 그 홈들이 없다면, 골프는 훨씬 더 힘든 스포츠가 될 것이다!

구문해설

1행 If you look closely at a golf ball, you will notice **something interesting**.
▸-thing으로 끝나는 대명사는 형용사가 뒤에서 수식함

2행 **Why are they made** this way?
▸의문사+be동사+주어+v-ed?: 의문사가 있는 수동태의 의문문

4행 But **it** was found [**that** those balls flew farther].
▸it은 가주어, that절이 진주어

6행 So golf balls **started to** *be made* already *dented*!
▸start to-v: …하기 시작하다(= start v-ing)
▸be made+보어(과거분사): …되게 만들어지다

7행 They slow down the air [**moving over the ball**].
▸the air를 수식하는 현재분사구

8행 This reduces the air resistance and **makes the ball go** farther.
▸make+목적어+목적격보어(동사원형): …가 ~하게 하다

10행 They may **seem funny**, but *without them*, golf would be a **much** harder sport!
▸seem+형용사: …하게 보이다
▸without them: 가정법 과거구문의 조건절을 대신하는 부사구(= if it were not for them)
▸much: '훨씬 더', 비교급 강조

문제해설

1 ① 골프 규칙의 변화
② 골프공의 표준 크기
③ 골프 경기의 역사
④ 공을 더 멀리 더 높이 치는 방법
⑤ 골프공에 홈이 있는 이유
골프공에 홈이 만들어진 유래와 그 홈들의 효과에 대해 설명하는 글이다.

2 '…로 덮여 있다'는 be covered with로 나타낸다.

Unit 4 조동사

A 주요 조동사의 의미

pp. 44-45

Check-up

1. 그녀는 차를 운전할 수 있다.
2. 이 반지는 틀림없이 비쌀 것이다.
3. 그를 도우려면 제가 무엇을 해야 하나요?
4. 도서관에서 크게 말해서는 안 된다.

어휘 loudly[láudli] 부 큰 소리로

B 「조동사+have v-ed」

Check-up

1. said, 그녀가 그것을 말했을 리가 없다.
2. heard, 그는 소문을 들었던 것이 틀림없다.
3. seen, 네가 그녀의 얼굴을 봤어야 했다.

어휘 rumor[rú:mər] 명 소문, 풍문

C 조동사를 포함한 주요 표현

Check-up

1. may well
2. had better
3. would rather

Sentence Writing with Grammar

p. 46

1. Stephanie can[is able to] speak Chinese.
2. The puppy must be hungry.
3. you saw can't be James
4. He may have visited Hawaii.
5. She must have been very sick.
6. You should have attended the party
7. He used to go jogging early in the morning.
8. His parents may well be proud of him.

어휘 puppy[pʌ́pi] 명 강아지 attend[əténd] 동 참석하다 be proud of …을 자랑스러워하다

Basic Reading

p. 47

A 1. ③

해석 꿀벌이 전 세계 곳곳에서 죽고 있다. 당신은 이것이 심각한 문제라고 생각하지 않을지도 모르지만, 그것은 생명을 위협할 수 있다. 꿀벌은 농작물을 생산하는 데 중요한 역할을 한다.

상당수의 과일과 채소가 그것들 없이는 생산될 수 없다. 한 번은, 미국의 한 슈퍼마켓이 얼마나 많은 제품들이 꿀벌의 도움으로 만들어지는지를 알아보았다. 진열대에 있는 453개의 제품 중 237개가 꿀벌과 관련이 있었다. 그것은 그들 제품의 52퍼센트다!

구문해설

1행 You may not think this is a serious problem, but **it** *can* be life-threatening.
▶ it: 앞 문장 전체를 대신하는 대명사
▶ can: 가능을 나타내는 조동사

2행 Honeybees **play an** important **role in** *producing crops*.
▶ play a role in: …에서 역할을 하다
▶ producing crops: 전치사의 목적어로 쓰인 동명사구

4행 …, a US supermarket checked [**how many products are made** …].
▶ 의문사+주어+동사: 간접의문문

문제해설

1 ① 제가 들어가도 될까요? (허가)
② 우리는 원하는 곳은 어디든 여행할 수 있다. (허가)
③ 나는 늦을지도 모르니, 나를 기다리지 마. (추측)
④ 표 없이는 아무도 들어올 수 없다. (허가)
⑤ 네 일을 마치면, 너는 떠나도 좋다. (허가)
밑줄 친 may는 '…일지도 모른다'라는 불확실한 추측의 의미를 갖는다.

B **1.** Jimmy가 경비 근무 중에 잠을 잤기 때문에 **2.** ⑤

해석 Jimmy는 공장의 야간 경비원이었다. 어느 날 아침, 그는 공장 주인에게 "저는 당신이 오늘 비행기를 타고 로스앤젤레스로 가신다고 들었어요. 당신은 가시면 안 됩니다!"라고 말했다. 주인이 "무슨 말씀이신가요?"라고 물었다. "제가 어젯밤에 나쁜 꿈을 꾸었어요. 당신이 탄 비행기가 꿈에서 추락했어요!"라고 Jimmy는 말했다. "저는 꿈을 믿지 않아요."라고 공장 주인이 화가 나서 말했다. 그는 계속 말을 이었다. "당신은 다른 직업을 찾는 편이 좋겠네요. 당신은 근무하는 도중에 잠을 자고 있지 않았어야 했어요!"

구문해설

1행 Jimmy **used to** be a night guard at a factory.
▶ used to: '(예전에) …였다', 과거에 지속된 상태를 나타냄

3행 You **must not** go!
▶ must not: '…해서는 안 된다', 강한 금지를 나타냄

6행 You **shouldn't have been** sleeping at work!
▶ shouldn't have v-ed: '…하지 않았어야 했다', 과거 행위에 대한 비난을 나타냄

문제해설

1 | 왜 공장 주인은 Jimmy에게 화가 났는가? |

공장 주인은 야간 경비원이었던 Jimmy가 어젯밤 꾼 꿈 이야기를 하는 것을 듣고는 Jimmy가 근무 시간에 잠을 잤다는 것을 알게 되었다.

2 문맥상 '…하는 것이 좋을 것이다'라는 의미의 had better가 알맞다.

Actual Reading

pp. 48-49

01 **1.** shy, comfortable **2.** ④
3. 해석의 별표(*)가 있는 문장 참고

해석 Q: 저는 부끄러움을 많이 탑니다. 저는 사람들 앞에서 이야기하는 것이 힘듭니다. 저는 방이 새로운 얼굴들로 가득 차 있으면 긴장을 합니다. 왜 저는 부끄러움을 탈까요? *제가 어떻게 해야 할까요?
A: 거의 모든 사람들이 이따금 부끄러움을 탑니다. 당신은 그것에 대해 걱정할 필요가 없습니다. 물론 어떤 사람들은 다른 사람들보다 부끄러움을 더 탈 수 있습니다. *그것은 그들이 사려 깊고, 세심하며, 주의 깊은 사람들이라는 것을 의미할지도 모릅니다. 그래서 그들은 새로운 사람들 주변이나 친숙하지 않은 상황에서 불편함을 더 느끼는 것 같습니다. *당신이 더 편안함을 느끼고 싶다면, 부끄러움은 지나간다는 것을 기억하세요. 당신은 새로운 상황이 흥미로운 것이 될 수 있다고 생각해야 합니다. 또한, 당신이 신뢰할 수 있는 사람과 당신의 감정에 대해 이야기를 나누는 것도 도움이 될 수 있습니다.

구문해설

1행 **It** is hard *for me* [**to speak in front of people**].
▶ It은 가주어, to부정사구가 진주어
▶ for me: to부정사의 의미상 주어

6행 So they **are** more **likely to** ***feel*** *uncomfortable* around new people ….
▶ be likely to-v: …할 것 같다
▶ feel+형용사: …하게 느끼다

9행 … that a new situation **can** be *something exciting*.
▶ can: '…일 수도 있다', 불확실한 가능성을 나타냄
▶ -thing으로 끝나는 대명사는 형용사가 뒤에서 수식

10행 Also, [**talking about your feelings with a person *(that) you trust***] can help.
▶ talking ... trust: 주어로 쓰인 동명사구
▶ (that) you trust: a person을 선행사로 하는 목적격 관계대명사절

문제해설

1 | 당신이 새로운 상황에서 부끄럽다고 느끼는 것은 자연스러운 것이다. 더 편안하게 느끼기 위해서는, 긍정적이 되고 너의 감정을 공유하려고 노력해라. |

낯선 환경에서 부끄러움을 느끼는 것은 자연스러운 현상으로, 편해지려면 이러한 상황을 흥미롭게 받아들이고 주변 사람들에게 자신의 감정을 이야기해 보라고 충고하고 있다.

2 (A) 문맥상 '…할 필요가 없다'라는 의미의 don't have to가 알맞다.
(B) 문맥상 '…해야 한다'라는 의미의 ought to가 적절하다.

02 **1.** ③, ⑤ **2.** Dr. Spooner used to make this kind of mistake **3.** 해석의 별표(*)가 있는 문장 참고

해석 *당신은 전에 두 단어의 첫 음들을 바꾸어 말했을지도 모른다. 예를 들어, 당신은 'Sleeping Beauty'를 말하려고 할 때, 'Beeping Sleauty'라고 말했을지도 모른다. 이는 'spoonerism'이라고 불린다. 이것은 영국 옥스퍼드 대학교의 교수인 William Spooner 박사의 이름을 따서 이름 지어졌다. Spooner 박사는 매우 자주 이런 종류의 실수를 저지르곤 했다. *한 번은, 그가 '거짓말쟁이와 싸우기'라고 말했는데, 그는 '불을 피우기'라고 말했어야 했다. 그의 과민한 성격과 나쁜 시력이 문제를 야기했을지도 모른다고 한다. 우리는 우리 주변에서 많은 다른 흥미로운 예들을 찾아볼 수 있다. 당신은 사실 "나는 슬픈 발라드를 듣고 싶다"라고 말하려고 할 때, "나는 나쁜 샐러드를 듣고 싶다"라고 말할지도 모른다. 이런 일은 우연히 일어날 수도 있고, 혹은 당신이 고의로 그것을 시도할 수도 있다. 어느 쪽이든, 그 결과는 웃기면서도 당황스러울 수 있다!

구문해설

1행 You **may have switched** the first sounds of two words before.
▶ may have v-ed: '…했을지도 모른다', 과거의 일에 대한 불확실한 추측을 나타냄

5행 ...," but he **should have said** "lighting a fire."
▶ should have v-ed: '…했어야 했다', 과거에 하지 못한 일에 대한 후회나 유감을 나타냄

6행 ***It*** *is said* [***that*** his nervous personality ...].
▶ It은 가주어, that절이 진주어
▶ It is said that: …이라고 한다

10행 **Either way**, the results can be *both* funny *and* embarrassing!
▶ either way: (둘 중) 어느쪽이든
▶ both A and B: A와 B 둘 다

문제해설

1 Spooner 박사는 과민한 성격과 나쁜 시력 때문에 말 실수를 했을지 모른다고 했다.

2 '…하곤 했다'라는 과거에 반복되던 습관은 조동사 used to를 써서 나타낼 수 있다.

Word Review

p. 50

1. 붙이다 **2.** 독특한 **3.** 악기 **4.** …을 찾다 **5.** 성공적인 **6.** 예측하다 **7.** 증진되다 **8.** 개선하다 **9.** 사라지다 **10.** 닮다 **11.** 가짜의 **12.** 전문가 **13.** 창의적인 **14.** 구입하다 **15.** 도달하다 **16.** 재료, 성분 **17.** 조상, 선조 **18.** 잠수함 **19.** 발명품 **20.** 공급하다, 제공하다 **21.** (차가 사람을) 치다 **22.** 손전등; 횃불 **23.** …에 참여하다 **24.** 경매 **25.** 신원, 정체 **26.** 드러내다, 밝히다 **27.** 중독 **28.** 매끄러운, 매끈한 **29.** 더 멀리 **30.** 줄이다 **31.** …을 자랑스러워하다 **32.** 충돌하다; 추락하다 **33.** 불안해하는 **34.** 바꾸다 **35.** 강사, 교수 **36.** 성격 **37.** 시력 **38.** 우연히 **39.** 고의로 **40.** 난처한, 당혹스러운

Chapter 3 수식어구의 이해

Unit 1 형용사적 수식어구

A 형용사(구)와 전치사구

pp. 52-53

Check-up

1. She is a famous singer.
2. Is there anything wrong?
3. I met a girl good at French.
4. Do you know the way to the station?

1. 그녀는 유명한 가수이다.
2. 잘못된 것이 있습니까?
3. 나는 프랑스어를 잘하는 한 소녀를 만났다.
4. 역으로 가는 길을 아십니까?

B to부정사(구)

Check-up

1. There is no chair to sit on.
2. I need a pen to write with.
3. I bought something to eat.
4. He found a way to solve the problem.

1. 앉을 의자가 없다.
2. 나는 가지고 쓸 펜이 필요하다.
3. 나는 먹을 것을 샀다.
4. 그는 그 문제를 해결할 방법을 찾았다.

C 분사(구)

Check-up

1. singing, 노래를 부르고 있는 소녀가 누구니?
2. called, 그녀는 Nelly라고 불리는 말을 가지고 있다.
3. stolen, 경찰이 도난당한 지갑을 발견했다.
4. standing, 무대 위에 서 있는 남자가 연출자이다.

어휘 wallet[wálit] 명 지갑 stage[steidʒ] 명 단계; *무대 director[diréktər] 명 관리자; *(연극 등의) 연출자

D 관계사절

Check-up

1. who lives next door, 나는 옆집에 사는 가족을 안다.
2. when the final exams start, 기말고사가 시작되는 날이 다가오고 있다.
3. where they stayed for a week, 그들은 일주일 동안 머물렀던 호텔을 떠났다.
4. which looks scared, 겁먹은 듯 보이는 고양이가 침대 밑에 숨어 있다.

어휘 next door 옆집에 final exams 기말고사 scared[skɛərd] 형 무서워하는, 겁먹은 hide[haid] 동 감추다; *숨다

Sentence Writing with Grammar p. 54

1. I want to eat something sweet.
2. We traveled to a city famous for
3. That building behind the museum is my school.
4. Rachel had no money to buy a new computer.
5. I have nothing to worry about.
6. Three firefighters ran into the burning house.
7. They walked on the street covered with snow.
8. I went to the store where she bought a new dress.

어휘 worry about …에 대해 걱정하다 cover[kʌ́vər] 동 씌우다; *덮다

Basic Reading p. 55

A 1. ⑤ 2. (A) stuck (B) living

해석 우리들 대부분에게 인도에 달라붙은 오래된 껌들은 역겹다. 하지만 런던에 살고 있는 예술가인 Ben Wilson에게 그것들은 아주 작은 캔버스이다. 그는 인도 위의 씹던 껌들을 발견하고 그것들에 그림을 그린다. 각각의 껌은 길이가 단 몇 센티미터에 지나지 않는다. 그래서 그는 그의 작품을 완성하기 위해 누워야 한다. 하지만 Ben Wilson 덕분에, 더러운 껌 자국으로 가득 찬 거리는 껌 예술 거리가 되었다.

구문해설

4행 **Each piece** of gum **is** just a few centimeters long.
▶ each+단수명사: '각각의 …', 단수 취급함

4행 So he has to lie down **to complete** his work.
▶ 목적을 나타내는 부사적 용법의 to부정사

6행 …, streets [**full of dirty gum marks**] *have become* gum art streets.
▶ full … marks: streets를 수식하는 형용사구
▶ have v-ed: 현재완료, 이 문장에서는 완료를 나타냄

문제해설

1 ① 수줍어하는 ② 게으른 ③ 무례한 ④ 유치한 ⑤ 창의적인
더러운 껌 자국을 캔버스로 여기고 그림을 그리겠다는 생각을 한 것으로 보아 Ben Wilson은 창의적인 사람임을 알 수 있다.

2 (A) pieces of old gum을 수식하는 분사로, 껌은 인도에 '달라붙어지는' 것이므로 과거분사인 stuck이 알맞다.
(B) an artist를 수식하는 분사로, 예술가가 런던에 '살고 있는' 것이므로 현재분사인 living이 알맞다.

B 1. ④

해석 고양이들은 보통 의사소통을 하기 위해 그들의 눈을 이용한다. 예를 들어, 고양이들은 오래 응시해서 다른 고양이들을 겁줄 수 있다. 하지만, '고양이 키스'라고 불리는 천천히 눈을 깜빡이는 행동은 그들이 우호적이라는 것을 보여주는 한 방식이다. 그들은 그것을 좋은 사회적 관계를 유지하기 위해 사용한다. 인간들도 그것을 시도해 볼 수 있다. 다음 번에 당신을 응시하는 새끼 고양이를 보게 되면, 그것에게 천천히 눈을 깜빡여라. 고양이가 당신을 마음에 들어하면, 그것은 고양이 키스로 답할 것이다.

구문해설

1행 Cats often use their eyes **to communicate**.
▶ 목적을 나타내는 부사적 용법의 to부정사

2행 However, their slow blink, **(which is) called a "cat kiss,"** is a way *to show* that ….
▶ called a "cat kiss": their slow blink를 부연 설명하는 과거분사구로 앞에 「관계대명사+be동사」가 생략되어 있음
▶ to show: a way를 수식하는 형용사적 용법의 to부정사

4행 **The next time** you see a kitty *staring at you*, slowly blink at it.
▶ the next time+주어+동사: 다음 번에 …하게 되면
▶ staring at you: a kitty를 수식하는 현재분사구

5행 If the cat **likes** you, it will …..
▶ 조건을 나타내는 부사절에서는 현재시제가 미래시제를 대신함

문제해설

1 ① 이 책은 이해하기 어렵다. (부사적 용법: 형용사 수식)
② 그녀는 친구를 방문하기 위해 캐나다에 갔다. (부사적 용법: 목적)
③ 그의 계획은 내일까지 일을 마치는 것이다. (명사적 용법: 보어)
④ 우리는 주말에 할 일이 많다. (형용사적 용법: lots of things 수식)
⑤ 나는 네가 시험에 합격했다는 이야기를 듣게 되어 매우 기쁘다. (부사적 용법: 감정의 원인)
본문의 to show는 형용사적 용법의 to부정사이다.

Actual Reading pp. 56-57

01 **1.** 1) the sun's hot temperature 2) Earth's atmosphere **2.** containing → contained
3. 해석의 별표(*)가 있는 문장 참고

해석 하늘에 떠 있는 태양을 볼 때, 왜 그것이 노란색으로 보이는지 궁금한가? 이것에는 두 가지 이유가 있다. 첫 번째 이유는 태양의 높은 온도이다. 태양의 표면은 섭씨 6,000도까지 올라간다. *이것은 태양이 노란색으로 보이는 빛을 내게 한다. 만약에 태양이 더 차갑거나 뜨겁다면, 그것은 빨간색이나 파란색으로 보일지도 모른다. 지구의 대기 또한 태양이 노란색으로 보이게 한다. 햇빛이 대기 안으로 들어오면, 빛 안에 담겨진 많은 색들이 분리된다. 그것들이 하늘을 통과해 지나가면서, 파란색과 보라색 빛은 흩어진다. *남아 있는 색들이 태양이 노란색을 띠게 한다. 햇빛의 모든 색이 합쳐지면, 그것들은 흰 빛을 만들어 낸다. 그래서 우리의 대기가 없으면, 태양은 더 하얗게 보일 것이다!

구문해설

1행 ..., do you ever wonder **why it *looks yellow***?
▶ 의문사+주어+동사: 간접의문문
▶ look+형용사: …하게 보이다

4행 This **makes the sun give off** light [*that* appears yellow].
▶ make+목적어+목적격보어(동사원형): …가 ~하게 하다
▶ that: light를 선행사로 하는 주격 관계대명사

8행 The **remaining** light *gives the sun its yellow color*.
▶ remaining: light를 수식하는 현재분사
▶ give+간접목적어+직접목적어: …에게 ~을 주다

10행 So **without our atmosphere**, the sun would appear whiter!
▶ without our atmosphere: 가정법 과거 구문의 조건절을 대신하는 부사구(= If it were not for our atmosphere)

문제해설

1 | 태양을 노란색으로 보이게 하는 두 가지는 무엇인가? |
본문에서 태양의 높은 온도와 지구의 대기가 태양을 노란색으로 보이게 하는 두 가지 요인으로 언급되었다.

2 색들이 빛 안에 '담겨진' 것이므로, 현재분사 containing을 과거분사 contained로 고쳐야 한다.

02 **1.** ③ **2.** to plug **3.** 해석의 별표(*)가 있는 문장 참고

해석 스마트폰이 우리의 삶을 더 쉽게 만들었지만, 그것을 충전하는 것은 여전히 불편하다. 스마트폰은 충전기와 충전기를 꽂을 콘센트를 필요로 한다. 하지만 무선 전기 덕분에 곧 그것들 없이도 당신의 전화기를 충전하는 것이 가능해질지도 모른다! 사실, 이것은 새로운 발상은 아니다. 무선 전기를 이용한다는 생각은 오랜 역사를 가지고 있다. 그것은 19세기에 Nikola Tesla에 의해 처음 제안되었다. 그때 이래로, 과학자들은 그것을 발전시키고 개선해 오고 있다. 이 기술을 사용하기 위해서 우리는 두 개의 코일이 필요한데, 바로 송신 코일과 수신 코일이다. *공공장소에 놓이는 송신 코일은 전기를 자기장으로 변환시킬 것이다. *그러고 나서 전화기 배터리에 있는 수신 코일이 그것을 받아서 다시 전기로 변환할 것이다. 이 기술로 당신은 무선으로 당신의 전화기 배터리를 충전할 수 있을 것이다!

구문해설

1행 Although smartphones **have *made* our *lives easier***, ...
▶ have v-ed: 현재완료, 이 문장에서는 계속을 나타냄
▶ make+목적어+목적격보어(형용사): …을 ~한 상태로 만들다

2행 A smartphone needs a charger and an electrical socket to **plug it into**.
▶ plug it into: 「동사+부사」 동사구의 목적어로 대명사가 올 때, 동사와 부사 사이에 위치함 (it = a charger)

3행 But soon, **it** may be possible [**to charge** your phone] ...!
▶ it은 가주어, to부정사구가 진주어

6행 Since then, scientists **have been developing** and **improving** it.
▶ have been v-ing: 현재완료 진행형

8행 The transmitting coils [**placed in public places**] will *change* electricity *into* a magnetic field.
▶ placed ... places: The transmitting coils를 수식하는 과거분사구
▶ change A into B: A를 B로 바꾸다

문제해설

1 무선 전기를 이용해 배터리를 충전하는 기술이 어떠한 방식으로 실현 가능한지 설명하는 글이다.

2 '충전기(it)를 꽂을 콘센트'라는 의미가 되어야 하므로 plug를 형용사적 용법의 to부정사인 to plug로 바꿔야 한다.

Chapter 3 수식어구의 이해

Unit 2 부사적 수식어구

A 부사와 전치사구 pp. 58-59

Check-up

1. soon, 영화는 곧 시작할 것이다.
2. enough, 그녀는 충분히 공부를 하지 않았다.
3. he became an actor, 놀랍게도 그는 배우가 되었다.

어휘 surprisingly[sərpráiziŋli] ⊕ 놀랍게도

B 부사처럼 쓰이는 to부정사 I

Check-up

1. Paul은 휴가를 갈 준비가 되어 있다.
2. Sam을 만나면 너는 기쁠 것이다.
3. 그는 그 소식을 듣고 놀랐다.
4. 그녀는 책을 읽기 위해서 불을 켰다.
5. 나는 은행에 갔지만 문이 닫혀 있는 것을 알게 되었다.

어휘 go on vacation 휴가를 가다 pleased[pli:zd] ⊛ 기쁜, 기뻐하는 surprise[sərpráiz] ⊛ 놀라게 하다

C 부사처럼 쓰이는 to부정사 II

Check-up

1. I was so busy that I couldn't go
2. It is too cold to swim
3. He is old enough to drive

Sentence Writing with Grammar

p. 60

1. Billy got up early
2. She welcomed them with her arms open.
3. Eric went to the airport to meet Olivia.
4. He was happy to pass the exam.
5. It is sure to rain
6. They were too tired to stand up straight.
7. This book is short enough to finish in an hour.
8. To be honest, I lost your book.

어휘 straight[streit] ⊕ 곧장; *똑바로

Basic Reading

p. 61

A 1. ⑤ 2. People with type O blood are more likely to get bitten.

해석 당신의 피부는 모기가 문 자국으로 빨개지고 부풀었지만, 다른 사람들의 피부는 괜찮다. 왜 그럴까? O형 혈액형을 가진 사람들은 물릴 가능성이 더 있다. 그들은 A형 혈액형을 가진 사람들보다 두 배나 더 자주 물린다. 또한, 몸집이 더 큰 사람들이 더 많은 모기를 유인한다. 그들은 이산화탄소를 더 많이 배출하는데, 모기가 그것을 좋아한다. 모기는 또한 높은 체온과 땀을 좋아한다. 그래서 당신이 열심히 운동을 하면, 더 많은 모기가 당신 위에 내려 앉을 것이다!

구문해설

3행 They **get bitten** *twice as often as* people with type A blood.

▶ get v-ed: 수동태

▶ 배수사+as+형용사/부사의 원급+as: …보다 몇 배 ~한/하게

4행 They send out more CO_2, **which** mosquitoes like.

▶ which: 계속적 용법의 목적격 관계대명사

문제해설

1 모기는 O형 혈액형을 가진 사람, 몸집이 큰 사람, 운동을 해서 체온이 높고 땀을 흘린 사람을 더 잘 문다고 했다.

2 '…할 것 같다'는 be likely to-v를 써서 나타낼 수 있다.

B 1. ④ 2. (A) to park (B) to ride

해석 세그웨이를 보면, 당신은 그것이 자전거인지 오토바이인지 궁금할지도 모른다. 그것은 둘 중 어느 것도 아니다! 그것은 많은 장점을 가진 일인용 차량이다. 첫째, 세그웨이에는 바퀴 두 개가 나란히 있다. 그래서 어디든 주차할 수 있을 정도로 충분히 작다. 둘째, 그것은 휘발유가 아니라 배터리로 달리기 때문에 친환경적이다. 셋째, 그것은 몰기 매우 간단하다. 당신은 그것을 모는 법을 아주 빨리 배울 수 있다!

구문해설

1행 …, you may wonder **if** it is a bicycle or a motorcycle.

▶ if: '…인지', 명사절을 이끄는 접속사(= whether)

2행 It is **neither**!

▶ neither: '(둘 중) 어느 것도 아니다', 대명사

2행 It is a one-person vehicle [**that** has many good points].

▶ that: a one-person vehicle을 선행사로 하는 주격 관계대명사

5행 You can learn **how to ride** it very quickly!

▶ how to-v: …하는 법

문제해설

1 휘발유가 아니라 배터리로 움직인다고 했다.

2 (A) '…할 만큼 충분히 ~한'이라는 의미일 때는 enough to-v 구문을 쓴다.
(B) '…하기에'라는 의미로 형용사를 수식하는 부사적 용법의 to부정사를 써야 한다.

Actual Reading

pp. 62-63

01 1. ⑤ 2. they are light enough to float around the spaceship 3. 해석의 별표(*)가 있는 문장 참고

해석 우주 비행사는 중력의 변화를 다루기 위해 훈련을 많이 한다. 우주선이 땅에서 이륙할 때, 그것은 중력과 싸워야 한다. 우주 비행사에게 그들 자신은 아주 무겁게 느껴진다. 이에 대비하기 위해, 그들은 원심분리기라고 불리는 기계에서 훈련한다. *그 기계는 우주 비행사를 아주 빠르게 돌리고 그들을 엄청난 힘으로 내리누른다. 이는 그들이 이륙할 때의 압력에 적응하도록 돕

는다. 반면에, 우주 비행사들은 우주에서는 무중력상태에 있게 된다. 중력이 없으면, 그들은 너무 가벼워서 풍선처럼 우주선 주위를 떠다닐 수 있다. 하지만 그들이 자유롭게 이동하거나 걸어 다니기는 쉽지 않다. *이 때문에, 우주 비행사들은 우주에서 움직이는 법을 배우기 위해 수중에서 훈련을 한다. *물체들은 우주에서처럼 물 속에서 훨씬 더 가볍게 느껴진다.

구문해설

3행 **To prepare** for this, they train on a machine *called a centrifuge*.
▶ To prepare: 목적을 나타내는 부사적 용법의 to부정사
▶ called a centrifuge: a machine을 수식하는 과거분사구

5행 This **helps them *get*** *used to* the pressure ....
▶ help + 목적어 + 목적격보어(동사원형): …가 ~하는 것을 돕다
▶ get used to + 명사(구): …에 익숙해지다

8행 But **it** isn't easy *for them* **to move or walk freely**.
▶ it은 가주어, to부정사구가 진주어
▶ for them: to부정사의 의미상 주어

9행 **Because of** this, astronauts train under water to learn *how to move* in space.
▶ because of + 명사(구): … 때문에
▶ how to-v: …하는 법

10행 Objects feel **much** lighter under water, like they *do* in space.
▶ much: '훨씬 더', 비교급 강조
▶ do: 앞의 feel much lighter를 대신하는 대동사

문제해설

1 ① 체중을 감량하기 위해
② 두려움을 극복하기 위해
③ 강해지기 위해
④ 비행을 잘하기 위해
⑤ 중력의 변화를 다루기 위해
빈칸 뒤에 지구를 벗어날 때의 중력의 변화에 대처하기 위해 우주 비행사들이 받는 훈련에 대한 내용이 이어지고 있다.

2 「so + 형용사 + that + 주어 + can」은 「형용사 + enough to-v」로 바꾸어 쓸 수 있다.

02 **1.** ④ **2.** (A) most (B) easily
3. 해석의 별표(*)가 있는 문장 참고

해석 미국인들은 추수감사절 저녁 식사로 항상 구운 칠면조를 먹는다. 하지만 칠면조가 가장 맛있는 음식은 아니다. 그리고 가장 저렴한 음식도 아니다. 그렇다면 왜 칠면조가 주요 추수감사절 요리가 되었을까? 그 전통은 수백 년을 거슬러 올라간다. *16세기에 영국 사람들은 추수를 축하하는 행사에서 구운 거위를 먹었다. 초기 미국 정착민들은 이 전통을 신세계로 가져왔다. 하지만 거위가 그 당시에는 드물었던 반면, 야생 칠면조는 더 쉽게 발견되었다. *또한 한 마리의 칠면조는 온 가족이 먹기에 충분히 컸다. 그러므로 거위는 암탉이나 소 같은 더 유용한 동물들 대신에 칠면조로 대체되었다. 이러한 방식으로 새로운 전통이 시작되었다.

구문해설

1행 Americans **always** have a roast turkey for Thanksgiving dinner.
▶ 빈도부사는 일반동사 앞이나 be동사, 조동사 뒤에 위치

2행 And they aren't the cheapest food, **either**.
▶ either: '또한', '역시'의 뜻으로 부정문에 사용

5행 Early American settlers **brought** this tradition **to** the New World.
▶ bring A to B: A를 B에 가져오다

6행 But geese were rare at that time, **while** wild turkeys were ....
▶ while: 반면에

7행 Also, one turkey was **big enough to feed** a whole family.
▶ 형용사 + enough to-v: …할 만큼 충분히 ~한

문제해설

1 미국 사람들이 추수감사절에 어떻게 칠면조를 주요리로 먹게 되었는지 그 유래에 대해 설명하고 있는 글이다.

2 (A) '가장 …한'의 의미로 최상급 표현이 와야 하므로 2음절 이상의 형용사의 최상급을 만드는 부사 most로 바꿔야 한다.
(B) 동사 were found를 수식하는 부사 easily로 바꿔야 한다.

Word Review

p. 64

1. 해결하다 **2.** 단계; 무대 **3.** 관리자; (연극 등의) 연출자 **4.** 찌르다; 달라붙다 **5.** 완료하다, 끝마치다 **6.** 의사소통을 하다 **7.** 응시; 응시하다 **8.** 유지하다 **9.** 온도, 기온 **10.** 표면 **11.** (온도 단위인) 도 **12.** 대기 **13.** 들어 있다 **14.** 분리되다, 나뉘다 **15.** 보라색 **16.** 불편한 **17.** 충전하다 **18.** 무선의 **19.** 제안하다 **20.** 받다 **21.** 곧장; 똑바로 **22.** 정직한, 솔직한 **23.** 부어 오른 **24.** 모기 **25.** 끌어들이다, 끌어 모으다 **26.** 땀 **27.** 탈것, 차량 **28.** 바퀴 **29.** 우주 비행사 **30.** 우주선 **31.** 중력 **32.** 압력 **33.** (공중에서) 떠돌다 **34.** 무게 **35.** 극복하다 **36.** 구운 **37.** 거슬러 올라가다 **38.** 수확 **39.** 드문 **40.** 대체하다

Unit 1 관계사 1

A 관계대명사

pp. 66-67

Check-up

1. I like my mom's pizza which[that] has lots of cheese.
2. He entered the classroom whose door was open.
3. She played a song (which[that]) all the students love.

1. 나는 엄마의 피자를 좋아한다. 그것에는 많은 치즈가 들어있다. → 나는 많은 치즈가 들어있는 엄마의 피자를 좋아한다.
2. 그는 교실로 들어갔다. 그것의 문은 열려있었다. → 그는 문이 열려있던 교실로 들어갔다.
3. 그녀는 노래 한 곡을 연주했다. 모든 학생들이 그 노래를 아주 좋아한다. → 그녀는 모든 학생들이 아주 좋아하는 노래를 연주했다.

B 관계대명사 what

Check-up

1. 나는 그가 말한 것을 믿지 않는다.
2. 그가 부엌에서 본 것은 그를 겁나게 했다.

C 전치사의 목적어로 쓰이는 관계대명사

Check-up

1. The road on which he is driving is dangerous. 혹은 The road (which[that]) he is driving on is dangerous.
2. He is the boy for whom I have been looking. 혹은 He is the boy (who(m)[that]) I have been looking for.

1. 그 도로는 위험하다. 그는 그 위를 운전하고 있다. → 그가 운전하고 있는 그 도로는 위험하다.
2. 그는 그 소년이다. 나는 그를 찾고 있었다. → 그는 내가 찾고 있던 소년이다.

어휘 look for …을 찾다

D 관계대명사의 계속적 용법

Check-up

1. which, 나는 그 소식을 들었는데, 그것은 나를 놀라게 했다.
2. whose, 그는 친구가 하나 있는데, 그의 형이 가수이다.

Sentence Writing with Grammar

p. 68

1. who[that] is singing is my son
2. helped a woman whose car broke[had broken] down
3. Ted ate a sandwich (which[that]) his mom made
4. was the last thing (that) I had for dinner
5. bought me what[the thing which[that]] I wanted
6. found the picture (which[that]) she was looking for 혹은 found the picture for which she was looking
7. I tried the new ice cream, which was made from

어휘 break down 고장 나다

Basic Reading

p. 69

A 1. ④ 2. who

해석 'Mayday! Mayday! Mayday!' 이것을 들으면, 당신은 비행기나 배가 곤경에 처해 있다는 것을 알게 된다. 도움이 필요한 조종사나 선장은 무전으로 이것을 말한다. 그 발상은 Frederick Mockford에게서 나왔는데, 그는 런던에 있는 Croydon 공항의 통신사로 일했다. 그는 'mayday'라는 용어를 골랐는데, 왜냐하면 이것이 프랑스어 단어인 m'aider처럼 들리고, 그것이 '도와주세요'를 의미하기 때문이다. 하지만 도움을 받으려면, 그 단어가 연속해서 세 번 말해져야 한다!

구문해설

2행 **Pilots or captains** [*who need help*] **say** this over the radio.
▶ Pilots or captains가 주어, say가 동사
▶ who need help: Pilots or captains를 선행사로 하는 주격 관계대명사절

5행 … it sounds like the French word *m'aider*, **which** means "help me."
▶ which: the French word *m'aider*를 선행사로 하는 계속적 용법의 주격 관계대명사

6행 **To get** help, however, the word must be said three times in a row!
▶ To get: 목적을 나타내는 부사적 용법의 to부정사

문제해설

1 프랑스어로 "help me"를 뜻하는 단어인 m'aider와 발음이 비슷하다고 했다.

2 (A)와 (B)에는 각각 Pilots or captains와 Frederick Mockford를 선행사로 하는 주격 관계대명사 who가 들어가야 한다.

B 1. (A) which (B) that

해석 바이럴 마케팅은 사람들에게 어떤 제품에 대한 정보를 공

유하도록 부추기는 온라인 마케팅 방법이다. 한 사람에게서 다른 사람에게로 옮겨가는 감기 바이러스처럼 바이럴 마케팅은 정보를 퍼트리기 위해 사람들을 이용한다. 예를 들어, 한 사람이 인터넷에서 어떤 제품을 광고하는 웃긴 비디오를 본다. 그는 그것을 그의 친구에게 보내고, 그들은 그것을 그들의 친구들에게 보낸다. 이런 식으로 광고는 빠르게 수천 명의 사람들에 의해서 보여진다.

구문해설

1행 ... is an online marketing method [**that** *encourages people to share* information ...].
▶ that: an online marketing method를 선행사로 하는 주격 관계대명사
▶ encourage A to-v: A가 …하도록 부추기다

3행 ..., viral marketing uses people **to spread** information.
▶ to spread: 목적을 나타내는 부사적 용법의 to부정사

문제해설

1 (A) the cold virus를 선행사로 하는 계속적 용법의 관계대명사로 which가 알맞다.
(B) a funny video를 선행사로 하므로 관계대명사로 that이 와야 한다.

Actual Reading

pp. 70-71

01 1. remained, influenced 2. ⑤
3. 해석의 별표(*)가 있는 문장 참고

해석 영어 단어의 철자를 배우는 것은 까다로울 수 있다. 당신은 때때로 철자로는 쓰이지만 발음은 되지 않는 문자를 발견한다. 'knife'라는 단어에 있는 문자 K를 보라. 우리가 그것을 발음하지 않는다면, 그것은 왜 거기에 있을까? *서기 1100년 이전에 사람들은 고대 영어를 사용했는데, 이것은 오늘날의 영어와는 많이 달랐다. 고대 영어를 사용했던 사람들은 'knife'와 'knight'에서 K를 발음했다. 시간이 지나면서 사람들은 K를 발음하는 것을 멈추었지만, 그 문자는 그 단어들에 남았다. 묵음의 또 다른 이유는 영어가 다른 언어의 영향을 받았기 때문이다. *예를 들어, 영어에는 원래 프랑스어였던 단어들이 많이 있다. 프랑스어에서 단어의 처음에 오는 H는 발음되지 않는다. 그것이 우리가 'hour'와 'honor'에서 H를 발음하지 않는 이유이다. *이것들은 영어가 프랑스어에서 차용한 단어들이다.

구문해설

1행 **Learning** *to spell* English words **can be** tricky.
▶ 동명사 Learning이 주어, can be가 동사
▶ to spell: 명사적 용법의 to부정사로, learn의 목적어

5행 People [**who** spoke Old English] pronounced the K in "knife" and "knight."
▶ who ... English: People을 선행사로 하는 주격 관계대명사절

6행 Over time, people **stopped pronouncing** the K, but the letter remained in the words.
▶ stop v-ing: …하는 것을 멈추다

7행 The other reason for silent letters is [**that** English *has been influenced* by other languages].
▶ that: 명사절을 이끄는 접속사로, that ... languages는 주격보어
▶ has been v-ed: 현재완료 수동태, 이 문장에서는 결과를 나타냄

10행 **That's why** we don't pronounce the H in "hour" and "honor."
▶ That's why: …한 이유이다

문제해설

1 오늘날, 영어에는 몇몇 묵음이 있는데, 왜냐하면 고대 영어의 몇몇 철자가 아직 남아 있고, 영어가 다른 언어의 영향을 받았기 때문이다.

영어에 묵음이 있는 이유로, 고대영어에서 발음되었던 철자가 그대로 남아 있기 때문이라는 점과 다른 언어의 영향을 받았기 때문이라는 점 두 가지를 언급했다.

2 ⑤ 목적격 관계대명사 which는 생략이 가능하다.

02 1. ② 2. in which 3. 해석의 별표(*)가 있는 문장 참고

해석 새 전자기기의 상자를 열면, 당신은 안에서 소책자를 발견할 것이다. 이 소책자는 사용자 설명서라고 불리는데, 이것이 당신에게 그 기기를 사용하는 방법을 알려준다. 당신은 그것들을 아마 많이 봤을 것이다. 그런데 누가 그것들을 만드는지 궁금해 한 적이 있는가? 그것은 기술 작가들인데, 그들의 일이 이 설명서를 쓰는 것이다. *그들은 어떤 제품이 사용하는 기술 분야에서 전문가여야 한다. 하지만 그들은 또한 명확하고 쉬운 언어로 그것의 기능을 설명할 수 있어야 한다. *이러한 방식으로 첨단 기술이 혼란스러운 사람들이 그 설명서를 이해할 수 있다. 요즘 기술적인 (설명서) 작성은 촉망받는 분야다. 당신은 이 분야에서 좋은 일자리를 찾을 수 있다. 매해, 많은 새로운 전자기기가 시장에 도입된다. *그래서 전자 회사들은 설명서를 쓰는 데 능한 사람들을 많이 필요로 한다.

구문해설

1행 When you **open** the box of a new electronic device, you will find a booklet inside.
▶ 시간 부사절에서는 현재시제가 미래시제를 대신함

2행 ..., and it **tells you** ***how to use*** **the device**.
▶ tell + 간접목적어 + 직접목적어: …에게 ~를 말하다
▶ how to-v: …하는 법

3행 But **have** you ever **wondered** *who makes them*?
▶ have v-ed: 현재완료, 이 문장에서는 경험을 나타냄
▶ 의문사(주어) + 동사: 간접의문문

4행 That's technical writers, [**whose** job is *to write* these manuals].

▶ whose: technical writers를 선행사로 하는 계속적 용법의 소유격 관계대명사

▶ to write: 주격보어로 쓰인 명사적 용법의 to부정사

5행 They must be experts in the technology [**that** a certain product uses].

▶ that: the technology를 선행사로 하는 목적격 관계대명사

6행 This way, **people** [*for whom* advanced technology is confusing] **can understand** the manuals.

▶ people이 주어, can understand가 동사

▶ for whom: people을 선행사로 하는 「전치사+관계대명사」

문제해설

1 ① 기술 용어의 어려움
② 기술 작가들이 하는 일과 필요로 하는 것
③ 당신이 사용자 설명서를 읽어야 하는 이유
④ 장래에 가장 촉망받는 직업들
⑤ 전자 기기를 더 오래 사용하는 방법
기술 작가들이 하는 일과 기술 작가가 되기 위해 필요한 요건들에 대해 설명하고 있다.

2 두 문장을 관계대명사를 이용해 연결할 때, 관계대명사절의 선행사인 a promising field가 관계사절 안에서 전치사 in의 목적어 역할을 하므로, 빈칸에는 in which가 들어가야 알맞다.

Chapter 4 문장의 연결

Unit 2 관계사 2

A 관계부사 pp. 72-73

Check-up

1. Jimmy liked the theater where he saw a movie.
2. This is how[the way] he invented the machine.
3. I forgot the time when Kevin had an accident.
4. He had a reason why he stopped his car.

1. Jimmy는 그 극장이 마음에 들었다. 그는 거기서 영화를 보았다. → Jimmy는 그가 영화를 본 극장이 마음에 들었다.
2. 이것이 그 방법이다. 그는 그 방법으로 그 기계를 발명했다. → 이것이 그가 그 기계를 발명한 방법이다.
3. 나는 때를 잊어버렸다. Kevin은 그때 사고를 당했다. → 나는 Kevin이 사고를 당한 때를 잊어버렸다.
4. 그에게는 이유가 있었다. 그는 그 이유로 그의 차를 멈추었다. → 그에게는 차를 멈춘 이유가 있었다.

어휘 machine[məʃíːn] ⑲ 기계

B 복합관계사

Check-up

1. 당신이 누구를 만나든지 공손히 대해라.
2. 우리는 어느 것이든 더 싼 것을 살 것이다.
3. 어디에 가더라도 그는 환영받았다.
4. 그녀가 무엇을 말하더라도 나는 그녀를 믿지 않을 것이다.
5. 충고를 원할 때는 언제든지 내게 전화해라.
6. 아무리 똑똑하더라도 그가 모든 것을 할 수는 없다.

어휘 polite[pəláit] ⑱ 예의 바른, 공손한 welcome[wélkəm] ⑧ (다정하게) 맞이하다, 환영하다

Sentence Writing with Grammar p. 74

1. I want to know the date when the midterm exams start.
2. She asked me the place where I found her key.
3. He didn't tell me the reason why he was crying.
4. Alice showed me how[the way] she made the cake.
5. Whoever breaks the rules will be punished.
6. Whatever happens, he won't[will not] give up.
7. Whenever I put on new shoes, it rains.
8. However sweet the ice cream is, I won't[will not] eat it.

어휘 midterm[mídtə̀ːrm] ⑱ (한 학기) 중간의 break a rule 규칙을 어기다 punish[pʌ́niʃ] ⑧ 처벌하다, 벌주다 put on …을 입다[신다]

Basic Reading p. 75

A **1.** ① **2.** (A) why (B) where

해석 지글지글! 스테이크와 소시지가 그릴 위에서 익혀지고 있다. 그것은 바비큐이다. 이것이 그렇게 불리는 이유는 분명하지 않다. 그것이 스페인어 단어인 'barbacoa'에서 유래되었다는 것이 널리 받아들여진다. 이것은 고기를 건조하고 훈제하는 데 사용되는 틀을 가리켰다. 후에, 그 단어는 영국에 전해졌고, 그곳에서 그것은 틀 위에서 요리되는 음식을 가리키게 되었다. 이제, 이것은 barbeque 혹은 BBQ라고도 쓰인다. 당신이 그것을 어떻게 쓰던지, 그것은 맛있게 들린다!

구문해설

1행 Steaks and sausages **are being cooked** on a grill.

▶ are being v-ed: 현재진행형 수동태

2행 **It** is widely accepted [**that** it came from the Spanish word *barbacoa*].

▶ It은 가주어, that절이 진주어

3행 It referred to a frame [**used for drying and smoking meat**].
▶ used ... meat: a frame을 수식하는 과거분사구

6행 **However** you spell it, it sounds yummy!
▶ However + 주어 + 동사: '어떻게 …하더라도', 복합관계부사절

문제해설

1 ① 바비큐가 어떻게 그 이름을 갖게 되었는가
② 바비큐의 철자를 쓰는 많은 방법
③ 바비큐 그릴의 발명
④ 바비큐용 그릴 위에서 요리된 음식이 더 맛있는 이유
⑤ 스페인어가 다른 언어에 어떻게 영향을 미쳤는가
바비큐라는 단어의 유래에 대해 설명하는 글이다.

2 (A) 앞에 이유를 나타내는 선행사 the reason이 있으므로 관계부사 why를 쓴다.
(B) 앞에 장소를 나타내는 선행사 England가 있으므로 관계부사 where를 쓴다.

B **1.** ⓓ → ⓑ → ⓐ → ⓒ **2.** This is how he did it.

해석 당신은 냉장고 없이 음식을 신선하게 유지할 수 있는가? 전기가 없는 나이지리아의 한 마을의 어떤 남자가 한 가지 방법을 발견해냈다. 이것이 그가 그것을 해낸 방법이다. 그는 큰 항아리 안에 더 작은 항아리를 놓았다. 그러고 나서 그는 촉촉한 모래로 그것들 사이의 공간을 채웠다. 마지막으로, 그는 안쪽 항아리 안에 채소를 넣고 젖은 천으로 항아리들을 덮었다. 모래 속의 물이 증발하면서, 그것이 열을 가져가 버렸다!

구문해설

1행 Can you **keep food fresh** without refrigerators?
▶ keep + 목적어 + 목적격보어(형용사): …를 ~하게 유지하다

1행 **A man** {from a Nigerian village [*where* there is no electricity]} **found** a way.
▶ A man이 주어, found가 동사
▶ from ... electricity: a man을 수식하는 전치사구
▶ where: a Nigerian village를 선행사로 하는 관계부사

5행 **As** the water in the sand evaporated, it took …!
▶ as: …하면서

문제해설

1 ⓐ 안쪽 항아리를 음식으로 채운다.
ⓑ 공간에 촉촉한 모래를 넣는다.
ⓒ 젖은 천으로 항아리들을 덮는다.
ⓓ 큰 항아리 안에 작은 항아리를 넣는다.
큰 항아리 안에 작은 항아리를 넣고, 사이 공간에 젖은 모래를 채우고, 작은 항아리 안에 음식을 넣은 후 젖은 천으로 덮는다고 했다.

2 This를 주어로 하고, how가 이끄는 관계부사절 「how + 주어 + 동사」가 보어가 되도록 배열한다.

Actual Reading

pp. 76-77

01 **1.** ④ **2.** No matter what I do with it
3. 해석의 별표(*)가 있는 문장 참고

해석 한 교실에서 어떤 교사가 1달러짜리 지폐를 들어 올리고는 "누가 이것을 원하니?"라고 물었다. 학생들 모두가 손을 들었다. 하지만 교사는 지폐를 잔뜩 구기고는 다시 "누가 아직도 이것을 원하니?"라고 물었다. 손들이 다시 올라갔다. 교사는 지폐를 계속 더러워지게 했다. 그는 그것을 벽에 던지고 발로 밟았다. *그는 심지어 두터운 먼지가 쌓여 있는 창문에 대고 그것을 문지르기까지 했다. *학생들은 그가 이러고 있는 이유를 몰랐다. 그때, 그가 다시 그 질문을 했다. 학생들은 다시 손을 높이 들었다. 마침내 교사는 말했다. "이것을 잊지 마라. 내가 이것으로 무엇을 하더라도 이것은 여전히 1달러일 것이다. *인생에는 너희가 너희 주변의 세상에 의해 발로 차이고, 밟히고, 다치는 때가 있단다. 하지만 너희는 항상 가치 있을 것이라는 점을 기억해라."

구문해설

4행 The teacher **kept** ***making*** *the bill dirty*.
▶ keep v-ing: 계속 …하다
▶ make + 목적어 + 목적격보어(형용사): …를 ~하게 만들다

5행 … against a window [**where** there was a thick layer of dust].
▶ where: a window를 선행사로 하는 관계부사

6행 The students didn't know the reason [**why** he was doing this].
▶ why: the reason을 선행사로 하는 관계부사

9행 There are times in life [**when** you are …].
▶ when: times를 선행사로 하는 관계부사

문제해설

1 교사는 구겨지고 더러워져도 돈의 가치가 변하지 않는 것처럼, 인생에서 고난을 겪더라도 사람의 가치 자체는 변하지 않는다는 점을 1달러짜리 지폐를 통해 전달하고자 했다.

2 양보 용법으로 쓰인 복합관계대명사 whatever는 no matter what으로 바꿔 쓸 수 있다.

02 **1.** ⑤ **2.** (A) the way how → how 혹은 the way
3. 해석의 별표(*)가 있는 문장 참고

해석 세계 곳곳에서 용에 대한 전설이 발견된다. 하지만 서양과 동양은 용에 대해 다른 생각을 가지고 있었다. 서양의 용들은 몸집이 거대한 무섭고 사악한 생명체들로 묘사되었다. 그들에게는 날개와 네 개의 다리, 그리고 강한 꼬리가 있었다. *그들은 숨을 수 있는 동굴이나 산에 살았다. 사람들은 그들이 불을 내뿜고, 어떤 것이나, 심지어는 사람까지도 먹었기 때문에 그들을 두려워했다. 하지만 동양에서 용이 묘사되는 방식은 꽤 달랐다. 그들은 성스러운 생명체로 여겨졌다. 그들은 날개가 없는 길고 날씬한 몸을 갖고 있었다. 서양의 용들 같지 않게, 그들은 수중에서 살았다. 그들은 물을 제어할 수 있는 힘을 가지고 있다고 믿

어졌다. 그래서 그들은 비가 내릴 시기와 비가 내릴 장소를 결정할 수 있었다. *아무리 용들이 달랐다고 하더라도, 그들에게는 한 가지 공통점이 있었다. 바로 그들이 상상의 세계에서 왔다는 것이다!

구문해설

7행 They had long, slender bodies [**which** didn't have wings].
▶ which: long, slender bodies를 선행사로 하는 주격 관계대명사

9행 They **were believed to have** the power *to control* water.
▶ be believed to-v: …라고 믿어지다
▶ to control: the power를 수식하는 형용사적 용법의 to부정사

12행 [**However different the dragons were**], they had one thing in common: ...!
▶ however+형용사+주어+동사: '아무리 …할지라도', 양보 용법으로 쓰인 복합관계부사절

문제해설

1 ① 사랑스럽고 귀여운 반려동물들
② 종교적인 상징들
③ 중요한 농장 동물들
④ 우주에서 온 외계 생명체들
⑤ 무섭고 사악한 생명체들
서양의 용들은 불을 내뿜고 사람도 잡아먹어 사람들이 무서워했다는 내용이 이어지는 것으로 보아 빈칸에 들어갈 말로 가장 적절한 것은 ⑤다.

2 (A) 관계부사 how는 선행사 the way와 함께 쓸 수 없으므로 둘 중 하나를 생략해야 한다.

Chapter 4 문장의 연결

Unit 3 접속사

A 시간을 나타내는 종속접속사 pp. 78-79

Check-up

1. until
2. while
3. since

1. 그녀는 엄마가 그녀를 깨울 때까지 잤다.
2. 그는 축구를 하는 동안 부상을 당했다.
3. 우리는 중학교에 있을 때 이후로 친구로 지내고 있다.

어휘 wake up (잠을) 깨우다 be friends 친구로 지내다

B 이유를 나타내는 종속접속사

Check-up

1. 그녀는 온종일 일해서 아주 피곤했다.
2. 시험이 끝나서 너는 아주 느긋해 보인다.

어휘 be over 끝나다 relaxed[rilǽkst] ⓗ 느긋한, 여유 있는

C 조건·양보를 나타내는 종속접속사

Check-up

1. 돈이 없다면 너는 선물을 살 수 없다.
2. 그는 부유했지만 더 부유해지고 싶어 했다.

D 짝으로 이루어진 접속사

Check-up

1. either, or
2. not, but

1. 버스를 타라. 아니면 지하철을 타라. → 버스나 지하철 중 하나를 타라.
2. 그는 소설을 읽지 않았다. 그는 만화책을 읽었다. → 그는 소설이 아니라 만화책을 읽었다.

어휘 comic[kάmik] ⓜ 만화책

Sentence Writing with Grammar p. 80

1. When we arrived at the station, the train had already left.
2. While she was listening to music, she drank some coffee.
3. Until[Till] James comes home, I won't[will not] have dinner.
4. Because[As / Since] he lost his cell phone, he couldn't call me.
5. If you want some fresh air, open the window.
6. As long as I live, I won't[will not] forget that day.
7. Although[Though] he studied hard, he failed the test.
8. Sandra can speak both English and French.

어휘 fail a test 시험에서 떨어지다

Basic Reading p. 81

A 1. ②

해석 오늘날의 사람들처럼, 고대 이집트인들은 자신들의 치아 건강에 관심이 있었다. 비록 치과의사는 없었지만, 그들은 나무의 잔가지로 칫솔을 만들었다. 그들은 또한 그들이 자신의 치아를 하얗고 건강하게 유지하기 위해 일종의 치약을 만들어냈다.

그들은 그것을 만들기 위해 암염, 박하, 말린 붓꽃, 그리고 후추를 이용했다. 오늘날의 치과의사들은 이 제조법이 그 당시에 매우 앞선 것이었다고 말한다!

구문해설

2행 **Though** they didn't have dentists, they made toothbrushes *out of* wooden twigs.

▶ Though: '(비록) …이지만', 양보를 나타내는 종속접속사

▶ out of: …로부터(= from)

3행 … a kind of toothpaste **to *keep*** *their teeth white and healthy*.

▶ to keep: 목적을 나타내는 부사적용법의 to부정사

▶ keep + 목적어 + 목적격보어(형용사): …를 ~하게 유지하다

문제해설

1 though는 양보를 나타내는 접속사로 while과 바꿔 쓸 수 있다.

B 1. ⑤ 2. (A) because (B) after

해석 버블티를 마셔봤다면, 당신은 그 안에 있는 그 작고 쫄깃쫄깃한 알갱이들을 맛본 적이 있을 것이다. 그것들은 타피오카 진주다. 물론, 그것들이 진짜 진주는 아니다. 그것들은 카사바 식물에서 나오는 전분으로 만들어진다. 그것들은 작은 구 형태로 만들어지기 때문에 진주라고 불린다. 건조된 상태일 때 그것들은 진주처럼 단단하고 하얗다. 하지만 물에 담근 후에는, 거의 투명해진다. 그것들은 또한 커져서 원래 크기의 두 배가 된다!

구문해설

1행 If you **have had** bubble tea, then you **have tasted** those small, chewy balls in it.

▶ have v-ed: 현재완료, 이 문장에서는 경험을 나타냄

2행 … pearls; they **are made from** starch from the cassava plant.

▶ be made from: …로 만들어지다

6행 They also grow **to be** twice their original size!

▶ 결과를 나타내는 부사적용법의 to부정사

문제해설

1 조리법에 대해서는 언급되지 않았다.

2 (A) 진주라고 부르는 이유가 뒤에 이어지고 있으므로 이유를 나타내는 접속사 because가 알맞다.

(B) 주절에서 물에 담근 후에 일어나는 변화에 대해 설명하고 있으므로 접속사 after가 들어가야 한다.

Actual Reading

pp. 82-83

01 1. ③ 2. you can improve both your mental and physical health 3. 해석의 별표(*)가 있는 문장 참고

해석 당신은 스트레스를 받고 있을 때, 더 많이 먹는가? *당신은 배가 부른데도 계속해서 먹는가? 당신의 답이 '그렇다'라면, 당신은 감정적 섭식을 하는 사람일지도 모른다. *감정적 섭식은 잠시 동안 위안을 줄 수 있지만, 당신의 문제를 해결하는 데 도움이 되지는 않는다. *그것뿐만 아니라, 그것은 또한 당신이 죄책감을 느끼게 만듦으로써 당신에게 더 많은 스트레스를 준다. 그러면 어떻게 이 습관을 바로잡을 수 있을까? 당신이 배가 고플 때 그 배고픔이 감정적인 것인지 육체적인 것인지 생각하라. 육체적인 허기는 서서히 증가하는 반면, 감정적 허기는 갑자기 나타난다. 또한 감정적 허기는 당신이 아이스크림이나 치즈케이크와 같은 달콤하고 지방이 많은 음식을 원하게 만든다. 마지막으로, 충분히 먹었는데도 만족스럽지 않다면, 당신은 감정적 허기를 경험하고 있는 것이다. 그러니, 당신의 허기에 집중하고, 감정적 섭식을 피하라. <u>그런 방식으로 당신은 당신의 정신적인 건강과 육체적인 건강 둘 다를 증진할 수 있다!</u>

구문해설

1행 Do you **keep eating**, *even though* you are full?

▶ keep v-ing: 계속 …하다

▶ even though: '(비록) …이지만', 양보를 나타내는 종속접속사

3행 **While** emotional eating can provide …, it doesn't *help solve* your problems.

▶ while: '…이긴 하지만', 양보를 나타내는 종속접속사

▶ help (to-)v: …하는 것을 돕다

4행 **Not only** *that*, **but also** it gives you more stress ….

▶ not only A but also B: A뿐만 아니라 B도

▶ that: 앞 문장(it doesn't help … problems)을 받는 대명사

6행 **When** you become hungry, think about [*whether* the hunger is emotional *or* physical].

▶ when: '…할 때', 시간을 나타내는 종속접속사

▶ whether … or ~: '…인지 ~인지', 전치사 about의 목적어로 쓰인 명사절

8행 Also, emotional hunger **makes you want** sweet, fatty foods, ….

▶ make + 목적어 + 목적격보어(동사원형): …가 ~하게 하다

9행 … even when you **have eaten** enough, ….

▶ have v-ed: 현재완료, 이 문장에서는 완료를 나타냄

문제해설

1 감정적 섭식은 일시적인 위안을 주지만, 먹고 나서 죄책감을 느끼게 해서 더 스트레스를 준다고 했다.

2 'A와 B 둘 다'는 「both A and B」 구문으로 나타낸다.

02 1. 닭은 복잡한 상황에서 더 나은 선택을 할 수 있다.
2. ⑤ 3. 해석의 별표(*)가 있는 문장 참고

해석 당신은 똑똑하지 않은 사람을 '새 대가리'라고 불렀을지도

모르지만, 더는 그렇게 할 수 없다. 사실, 닭은 네 살짜리 어린이들보다 더 똑똑할 수 있다! 한 연구에 따르면, 닭들은 까다로운 상황에서 더 나은 방법을 선택할 수 있다. 연구자들은 그들이 닭들에게 맛있는 음식과 나쁜 음식을 주었을 때 이 사실을 알게 되었다. 우선, 그들은 닭들에게 서로 다른 색상의 그릇에 좋은 음식과 나쁜 음식을 주었다. 그 다음, 그들은 그릇의 색깔을 바꾸었다. *그 변화에 혼란스러워했지만, 닭들은 여전히 좋은 음식을 찾을 수 있었다! 연구자들은 또한 닭들이 자제할 수 있다는 것도 밝혀냈다. 연구자들은 참을성이 있는 닭들에게 추가로 음식을 주며 이것을 알아냈다. *다른 닭들이 이것을 보고는, 음식이 제공되자마자 먹기 위해 돌진하는 것을 그만두었다. *이 닭들은 자제력을 보여줄 수 있었지만, 인간 어린이들은 좀처럼 그렇게 할 수 없다. 많은 어른들도 그렇게 할 수 없다!

구문해설

1행 You **might have called** someone [*who* isn't smart] "bird brain," but you ca**n't anymore**.
▶ might have v-ed: '…했을지도 모른다', 과거의 일에 대한 추측
▶ who: someone을 선행사로 하는 주격 관계대명사
▶ not ... anymore: 더는 …않다

4행 Researchers learned this **when** *they* gave *them* tasty food and bad food.
▶ when: …할 때
▶ they = researchers, them = chickens

7행 Researchers also found [**that** chickens can control *themselves*].
▶ that: 명사절을 이끄는 접속사
▶ themselves: 종속절 내 주어를 받는 재귀대명사

8행 ... learned this **by giving** patient chickens ....
▶ by v-ing: …함으로써

9행 ..., they **stopped rushing** *to eat* **as soon as** their food was served.
▶ stop v-ing: …하는 것을 멈추다
▶ to eat: 목적을 나타내는 부사적 용법의 to부정사
▶ as soon as: …하자마자

12행 **Nor can many adults**!
▶ nor + 조동사 + 주어: …도 또한 아니다

문제해설

1 (A) this는 바로 앞에 나온 문장 전체를 받는다.

2 ① 만약 그들의 음식이 제공되었다면
② 그들의 음식이 제공되었으니까
③ 그들의 음식이 제공되는 한
④ 그들의 음식이 제공될 때까지
⑤ 그들의 음식이 제공되자마자
(B)의 as soon as는 '…하자마자'의 의미로, 「the moment + 주어 + 동사」로 바꿔 쓸 수 있다.

Unit 4 분사구문

A 분사구문의 형태

pp. 84-85

Check-up

1. Seeing me, Kathy smiled brightly.
2. (Being) Sick in bed, I couldn't go to school.
3. Not knowing the answer, he couldn't say anything.

1. 나를 보자, Kathy는 환하게 웃었다.
2. 아파서 누워 있어서 나는 학교에 갈 수 없었다.
3. 답을 알지 못해서, 그는 아무 말도 할 수 없었다.

어휘 brightly[bráitli] ㊕ 밝게; *환하게

B 분사구문의 의미

Check-up

1. 점심을 먹을 때, 우리는 시험에 대해 이야기했다.
2. 두려움을 느껴서 그 소녀는 울기 시작했다.
3. 나는 통화를 하면서 설거지를 했다.

어휘 do the dishes 설거지하다

C 주의해야 할 분사구문

Check-up

1. The dog barking at him
2. Painted by Picasso
3. with her legs crossed

1. 그 개가 그를 보고 짖어서, 소년이 달아났다.
2. 피카소에 의해 그려져서, 그 그림은 매우 유명하다.
3. 그녀는 다리를 꼰 채로 소파에 앉았다.

어휘 bark[ba:rk] ㊐ (개가) 짖다 run away 달아나다

Sentence Writing with Grammar

p. 86

1. Having dinner, he announced his plan.
2. Not remembering his phone number, she couldn't call him.
3. Singing a song, he took a shower.
4. Paying attention to your work, you will finish it quickly.
5. The class ending early, I went to a movie with my friends.
6. After getting off the bus, she walked home.
7. Having tried kimchi once, he wanted to eat it
8. Generally speaking, women are more sensitive

to colors than men.

어휘 pay attention to …에 주목[집중]하다 get off …에서 내리다 generally [dʒénərəli] 부 일반적으로 sensitive [sénsətiv] 형 민감한

Basic Reading

p. 87

A **1.** ④ **2.** (A) Watching (B) Shown

해석 사람들은 최초의 손목시계가 1790년 한 스위스 시계 제작자에 의해 만들어졌다고 말한다. 한 여성이 공원에 앉아 있는 것을 보면서 그는 그것에 대한 아이디어를 얻었다. 시계를 손목에 묶어서, 그 여성의 양손은 자유로워져 아이를 돌볼 수 있었다. 안타깝게도, 훨씬 나중까지도 아무도 그 시계에 관심을 갖지 않았다. 1914년 전시회에 선보여졌을 때, 그 시계는 단지 '일시적인 바람'일 뿐이라고 불렸다. 마침내 1920년대에, 손목시계는 인기를 얻었다.

구문해설

2행 ***Watching a woman sitting* in a park**, he got the idea for it.
▶ 동시동작을 나타내는 분사구문(= As he watched a woman sitting in a park)
▶ watch + 목적어 + 목적격보어(현재분사): …가 ~하는 것을 보다

3행 **Tying her watch around her wrist**, the woman's hands were free [*to take* care of her child].
▶ 이유를 나타내는 분사구문(= As she tied her watch around her wrist)
▶ to take: 결과를 나타내는 부사적 용법의 to부정사

4행 Unfortunately, no one **was interested in** the watch until *much* later.
▶ be interested in: …에 관심이 있다
▶ much: '훨씬 더', 비교급 강조

5행 **(Being) Shown at an exhibit in 1914**, the watch was called *nothing but* a "passing fancy."
▶ 시간을 나타내는 수동형 분사구문(= When it was shown at an exhibit in 1914)
▶ nothing but: 그저 …일 뿐인(= only)

문제해설

1 전시회에 등장했을 때, 사람들이 그저 '일시적인 바람'이라고 평했다고 했다.

2 (A) 동시동작을 나타내는 분사구문으로, 주절의 주어인 그가 한 여성을 '보는' 것이므로 현재분사가 적절하다.
(B) 시간을 나타내는 분사구문으로, 시계가 '선보여진' 것이므로 과거분사가 와야 한다.

B **1.** Not having enough time

해석 초콜릿 브라우니가 발명된 방법에 관해 많은 다른 이야기들이 있다. 하나의 유명한 이야기는 한 미국인 주부가 브라우니를 실수로 최초로 구웠다는 것이다. 파티를 위한 초콜릿 케이크를 만들 때, 그녀는 케이크를 부풀게 하는 베이킹파우더를 첨가해야 할 것을 잊었다. 새로운 케이크를 구울 충분한 시간이 없어서, 그녀는 손님들에게 그 납작한 디저트를 제공했다. 그녀의 손님들은 그것들을 아주 좋아했고, 브라우니는 곧 인기 있는 디저트가 되었다.

구문해설

1행 **There are** many different stories about [*how chocolate brownies were invented*].
▶ There + be동사 + 주어: …이 있다
▶ 의문사 + 주어 + 동사: 간접의문문

2행 One popular story is [**that** an American housewife first baked brownies by mistake].
▶ that: 명사절을 이끄는 접속사로, that ... by mistake는 주격보어

3행 **Making a chocolate cake for a party**, she *forgot to add* the baking powder [**that** *causes cakes to rise*].
▶ 시간을 나타내는 분사구문(= When she made a chocolate cake for a party)
▶ forget to-v: …할 것을 잊다
▶ that: the baking powder를 선행사로 하는 주격 관계대명사
▶ cause + 목적어 + 목적격보어(to부정사): …가 ~이 되게 하다

5행 ..., she **served** the flat dessert **to** her guests.
▶ serve A to B: A를 B에게 제공하다

문제해설

1 밑줄 친 구문은 이유를 나타내는 분사구문을 써서 나타낼 수 있는데, 부정의 의미이므로 분사(having) 앞에 not을 붙여야 한다. '새로운 케이크를 구울 충분한 시간'이라는 의미로 형용사적 용법의 to부정사구(to bake a new cake)가 앞의 명사구(enough time)를 수식하는 구조이다.

Actual Reading

pp. 88-89

01 **1.** ② **2.** (After) Having x-rayed two falcon mummies **3.** 해석의 별표(*)가 있는 문장 참고

해석 고대 이집트인들은 인간뿐만 아니라 갖가지 동물도 미라로 만든 것으로 유명했다. *고양이, 원숭이, 새, 그리고 심지어 황소와 같은 동물들을 미라로 만들면서, 이집트인들은 그들에 대한 자신들의 사랑과 존경을 드러냈다. 많은 동물 미라가 사랑받는 반려동물이었던 반면에, 다른 것들은 신에게 바치는 제물이었다. *예를 들어, 이집트인들은 그들의 소원이 이루어지기를

바라며, 호루스 신에게 매 미라를 가져갔다. 하지만 동물 미라에 대한 최근의 연구는 놀라운 사실들을 밝혀냈다. 두 개의 매 미라를 엑스선 촬영해 본 후에, 과학자들은 싸고 있던 천 안에 새가 없다는 것을 밝혀냈다! 고대 이집트에서, 제물로 사용되는 동물들에 대한 수요는 높았다. 하지만 그것들을 키우거나 잡기가 쉽지 않았기 때문에 공급이 부족했다. 그래서 가짜 미라가 자주 만들어져 고객들에게 팔렸다!

구문해설

1행 Ancient Egyptians **were famous for** *mummifying* **not only** humans **but also** a variety of animals.
▶ be famous for: …으로 유명하다
▶ mummifying: 전치사 for의 목적어로 쓰인 동명사
▶ not only A but also B: A뿐만 아니라 B도

2행 **Mummifying animals** ..., the Egyptians showed their love and respect for them.
▶ 동시동작을 나타내는 분사구문(= As they mummified animals)

5행 For example, the Egyptians **brought** falcon mummies **to** the god Horus, *hoping their wishes would come true.*
▶ bring A to B: A를 B에게 가져가다
▶ hoping ... true: 동시동작을 나타내는 분사구문(= as they hoped their wishes would come true)

10행 In ancient Egypt, animals [**used for offerings**] were in high demand.
▶ animals를 수식하는 과거분사구

11행 But **as** *it* was not easy *to raise or (to) catch* them, they were in short supply.
▶ as: '…이기 때문에', 이유를 나타내는 접속사
▶ it은 가주어, to raise or (to) catch가 진주어

문제해설

1 ① 매 미라: 이집트의 보물
② 매 미라에 숨겨진 진실
③ 고대 이집트에서 가장 인기 있던 반려동물
④ 미라 제작자라는 어려운 직업
⑤ 이집트 사업가들이 고객들을 어떻게 속였는지
고대 이집트에서 만들어진 매 미라를 엑스선 촬영해 본 결과 나타난 진실에 대해 서술하고 있다.

2 부사절과 주절의 주어가 같으므로 접속사와 주어를 지우고, 동사를 분사로 바꾼다. '…후에'라는 의미를 분명히 하기 위해서 접속사를 남길 수도 있다. 분사구문의 시제가 주절의 시제보다 한 시제 앞설 때는 having v-ed 형태로 쓴다.

02 **1.** ③ **2.** Producing → Produced[Being produced] **3.** 해석의 별표(*)가 있는 문장 참고

해석 연구는 십 대들에게 매일 밤 적어도 8시간 반에서 9시간의 수면이 필요하다는 것을 보여준다. 그것은 그들이 다음 날 아침 6시에 일어나기 위해서 밤 9시에는 잠자리에 들어야 함을 의미한다. 하지만, 사실 많은 십 대들이 그렇게 일찍 잠이 드는 것을 힘들어한다. 이것은 그들이 자고 싶지 않아서가 아니라, 그들의 뇌가 아직 잘 준비가 되지 않았기 때문이다. *십 대들의 생체 시계는 다시 맞춰지게 되는데, 이는 십 대들을 밤에 더 늦게 자게 한다. 그들의 생체 시계는 또한 그들을 아침에 더 늦게 일어나게 한다. 이러한 신체 리듬의 변화는 멜라토닌이라는 호르몬 때문인 것처럼 보인다. *멜라토닌은 본래 밤에 뇌에서 만들어져서 사람들이 잠을 자게 돕는다. 이것은 십 대들에 의해서는 밤에 더 늦게 만들어져, 그들이 자정이 지나서야 비로소 졸린다는 느낌이 들게 한다.

구문해설

4행 It is **not** because they don't want to sleep, **but** because their brains *aren't ready for* bed yet.
▶ not A but B: A가 아니라 B
▶ be ready for: …할 준비가 되다

5행 Teenagers' body clocks are reset**, telling teens to fall asleep later at night**.
▶ 연속동작을 나타내는 분사구문(= and then they tell teens to fall asleep ...)
▶ tell + 목적어 + 목적격보어(to부정사): …에게 ~하라고 시키다

8행 Melatonin is naturally produced in the brain at night**, helping people sleep**.
▶ 연속동작을 나타내는 분사구문(= and then it helps people sleep)
▶ help + 목적어 + 목적격보어(동사원형): …가 ~하도록 돕다

10행 ..., it does**n't** *make them feel* drowsy **until** after midnight.
▶ not ... until ~: ~가 돼서야 비로소 …하다
▶ make + 목적어 + 목적격보어(동사원형): …가 ~하게 하다

문제해설

1 <u>뇌가 더 늦어진 스케줄에 따라 작동하기</u> 때문에 십 대들은 잠이 들기 힘들다.
① 그들의 신체가 에너지로 가득하기
② 그들은 일찍 잠자고 싶지 않기
④ 더 많은 멜라토닌이 그들의 신체에서 만들어지기
⑤ 그들은 성인과 똑같은 신체 리듬을 가지기
십 대 시기에는 다시 맞춰진 생체 시계가 그들을 더 늦게 잠들게 한다고 했다.

2 주절의 주어인 it(= melatonin)은 '만들어지는' 것이므로 수동형 분사구문인 Being produced가 와야 하는데, Being은 생략 가능하다.

Word Review
p. 90

1. 조종사, 비행사 2. 기간; 용어 3. 방법 4. 퍼뜨리다, 확산시키다 5. 영향을 주다 6. 장치, 기구 7. 설명서 8. 기능 9. 혼란스러운 10. 유망한, 촉망되는 11. 예의 바른, 공손한 12. 받아들이다 13. 묘사하다 14. 호흡하다; 입김을 내뿜다 15. 여기다, 생각하다 16. 성스러운 17. 생물 18. 날씬한, 호리호리한 19. 상상의 20. 사악한 21. 느긋한, 여유 있는 22. 치과의사 23. 녹말가루, 전분 24. 구, 구체 25. 감정의, 감정적인 26. 편안, 위로 27. 굶주림, 허기 28. 경험하다 29. …에 집중하다 30. 성인, 어른 31. 민감한 32. 전시회 33. 인기 34. 여러 가지의 35. 드러내다, 밝히다 36. 가짜의, 거짓된 37. 보물 38. 속이다, 속임수를 쓰다 39. 잠들다 40. 자정

Chapter 5 중요구문

Unit 1 가정법

A 가정법 과거
pp. 92-93

Check-up

1. 내가 의사라면 그의 병을 고쳐줄 텐데.
2. 그에게 친구가 없다면 그는 외로울 텐데.
3. 내가 복권에 당첨되면 전 세계를 여행할 수 있을 텐데.

어휘 cure[kjuər] 동 (병을) 치유하다 disease[dizíːz] 명 질병, 병 lottery[lɑ́təri] 명 복권

B 가정법 과거완료, 혼합 가정법

Check-up

1. If Ryan hadn't been born, her life wouldn't have changed a lot.
2. If he hadn't bought a new car, he would have enough money now.

1. Ryan이 태어나서 그녀의 인생이 많이 바뀌었다. → Ryan이 태어나지 않았더라면 그녀의 인생은 별로 바뀌지 않았을 텐데.
2. 그는 새 차를 사서 지금 충분한 돈을 가지고 있지 않다. → 그가 새 차를 사지 않았더라면, 그는 지금 충분한 돈을 가지고 있을 텐데.

C I wish/as if/without 가정법

Check-up

1. I had met you earlier
2. as if she had been to Paris
3. Without, I couldn't do my job
4. If it had not been for his help

Sentence Writing with Grammar
p. 94

1. If you knew French, you could talk with Sophie.
2. If I were a witch, I could fly on a broomstick.
3. If Frank had heard the news, he would have been pleased.
4. If Kelly had come to the party, we would have fun
5. I wish I could turn back time.
6. as if nothing had happened
7. Without smartphones, our lives would be inconvenient.
8. If it had not been for her encouragement, I couldn't have written the book.

어휘 witch[witʃ] 명 마녀 broomstick[brúːmstìk] 명 (대가 긴) 빗자루 pleased[pliːzd] 형 기쁜, 기뻐하는 turn back 되돌리다 inconvenient[ìnkənvíːnjənt] 형 불편한 encouragement[inkə́ːridʒmənt] 명 격려

Basic Reading
p. 95

A 1. ⑤ 2. wouldn't have hit

해석 새들이 거울 속의 자신을 알아볼 수 있다고 생각하는가? 나는 아니다. 새 한 마리가 내 창문으로 날아올라 부리로 창문을 쪼아대고 나를 깨웠다. 바깥 창틀에 서 있을 때, 그것은 창의 새 한마리를 보았다. 만약 그것이 자신의 모습이라는 것을 알았다면, 그것은 내 창문을 쪼지 않았을 것이다. 그러나 그것은 자기 자신과 싸우고 있는 것처럼 보였는데, 창에 비친 자신의 모습이 다른 새인 것처럼 여기는 듯했다.

구문해설

1행 Do you think birds can recognize **themselves** in a mirror?
▶ themselves: 종속절 안의 주어를 받는 재귀대명사

3행 **Standing on the outer windowsill**, it saw a bird in the window.
▶ 시간을 나타내는 분사구문(= When it stood on the outer windowsill)

3행 **If** it **had known** it was its reflection, it **wouldn't have hit** my window.
▶ 가정법 과거완료, 과거 사실과 반대되는 상황을 가정함

4행 But **it seemed to be** fighting with itself, *as if* its reflection in the window *were* another bird.
▶ it seemed to-v: …이었던 것 같다
▶ as if + 가정법 과거: as if + 주어 + 동사의 과거형(주절과 일치하는 시점의 일을 반대로 가정)

문제해설

1 마지막 문장에서 새가 창문을 부리로 쪼아댄 이유를 설명하고 있다.

2 가정법 과거완료 문장으로, 주절은 「주어+조동사의 과거형+have v-ed」가 되어야 하므로, wouldn't have hit으로 쓴다.

B 1. ⑤ 2. Without the trees, the area would be

해석 1985년에 Yin Yuzhen이라는 중국 여성이 결혼해서 남편의 고향으로 이사했다. 하지만 그녀는 마치 새로운 마을이 아니라 다른 행성으로 이사했던 것처럼 느꼈다. 모래 외에는 아무것도 없었다. 그녀는 떠날 수 있기를 바랐다. 그러나 어느 날 그녀는 나무가 자라는 것을 보고 한 생각을 떠올렸다. "만약 여기에 나무가 있다면, 삶이 훨씬 더 좋을 텐데,"라고 그녀는 생각했다. 그 이후로, 그녀는 수천 그루의 나무를 심었다. 그 지역은 모래 한가운데 있는 푸른 숲이 되었다. 그 나무들이 없다면, 그 지역은 여전히 고독한 사막 마을일 것이다.

구문해설

1행 In 1985, a Chinese woman **named Yin Yuzhen** got married and ....
▶ named Yin Yuzhen: a Chinese woman을 수식하는 과거분사구

2행 But she felt **as if** she **had moved** to another planet instead of a new town.
▶ as if+가정법 과거완료: as if+주어+had v-ed(주절보다 이전 시점의 일을 반대로 가정)

4행 But one day, she **saw a tree growing** and had an idea.
▶ see+목적어+목적격보어(현재분사): …가 ~하는 것을 보다

6행 **Since** then, she *has planted* thousands of trees.
▶ since: …이래로 (전치사)
▶ have v-ed: 현재완료, 이 문장에서는 계속을 나타냄

8행 **Without the trees**, the area **would be** a lonely desert village still.
▶ without ... +가정법 과거: (현재) …이 없다면 ~할 텐데(= If it were not for the trees, ...)

문제해설

1 ⑤ 모래뿐인 사막에서 수천 그루의 나무를 심고 마을을 푸른 숲으로 바꾼 행동들을 통해 Yin Yuzhen의 성격이 매우 적극적임을 알 수 있다.

2 현재는 나무가 많지만 없는 상황을 가정했으므로 「without ...+가정법 과거」 구문을 쓰면 된다.

Actual Reading

pp. 96-97

01 1. ②, ④ 2. if it were not for the moon's gravity, Earth might shake 3. 해석의 별표(*)가 있는 문장 참고

해석 *달은 마치 지구에 묶여 있는 것처럼 항상 우리를 향하고 있다. 하지만 왜 그것은 거기에 있을까? 가장 일반적인 생각은 어떤 커다란 물체가 대략 45억 년 전에 지구에 부딪쳤다는 것이다. 이 생각에 따르면, 그 물체의 많은 조각이 우주로 다시 날아갔다. 그러고 나서 그것 중 일부가 다시 합쳐져 달이 되었다. 과학자들은 아직도 달이 어디에서 생겨났는지를 정확히 알지 못한다. *하지만 그들 모두는 그것이 없다면 지구는 매우 다를 것이라는 점에 동의한다. 지구처럼 달에도 중력이 있다. 이 중력이 지구가 약간 기울어진 상태로 유지되게 해주고, 우리에게 4계절이라는 일정한 주기를 준다. *만약에 달이 사라지면, 지구는 날씨가 변화무쌍해질 것이고 바다에는 엄청난 폭풍이 불 것이다. 또한, 달의 중력이 없다면 지구는 더 많이 흔들릴지도 모른다. 이것이 지구에 살기 불가능하게 만들 것이다.

구문해설

1행 The moon is always facing us, **as if** it **were** tied to Earth.
▶ as if+가정법 과거: as if+주어+동사의 과거형(주절과 일치하는 시점의 일을 반대로 가정)

4행 Then, some of them joined together again **to make** the moon.
▶ 결과를 나타내는 부사적 용법의 to부정사

5행 Scientists are still not sure exactly **where the moon came from.**
▶ 의문사+주어+동사: 간접의문문

6행 But they all agree that Earth **would be** very different ***without*** *it*.
▶ without ... +가정법 과거: (현재) …이 없다면 ~할 텐데
▶ without it: if it were not for it, it은 the moon을 대신하는 대명사

7행 This gravity **keeps Earth** slightly **inclined**, *giving us the regular cycle of four seasons*.
▶ keep+목적어+목적격보어(과거분사): …를 ~한 상태로 유지하다
▶ giving ... seasons: 연속동작을 나타내는 분사구문(= and gives us ....)

10행 This would **make Earth impossible** *to live* on.
▶ make+목적어+목적격보어(형용사): …를 ~하게 만들다
▶ to live: 형용사 impossible을 수식하는 부사적 용법의 to부정사

문제해설

1 달이 사라지면 날씨가 변화무쌍해지고, 바다에는 거대한 폭풍이 몰아칠 것이라고 했다.

2 '…이 없다면 ~할 텐데'의 가정법 과거 구문은 「if it were not for ..., 주어+조동사의 과거형+동사원형」의 형태로 쓴다.

02 **1.** ④ **2.** ④ **3.** 해석의 별표(*)가 있는 문장 참고

해석 해적을 상상할 때, 당신은 검은 안대를 한 사람을 생각할지도 모른다. *싸우다 한쪽 눈을 잃었다면, 해적은 아마 안대를 착용했어야 했을 것이다. 하지만 해적이 안대를 한 데는 또 다른 이유가 있다. 배 갑판은 보통 매우 밝다. 하지만, 갑판 아래는 꽤 어둡다. 만약 해적이 갑판 아래로 내려가야 한다면, 그들의 눈은 어둠에 적응할 시간이 필요할 것이다. *그리고 적과 싸우느라 서둘러야 한다면, 그들은 그 몇 분도 낭비할 수 없을 것이다. 그래서 해적은 한쪽 눈을 갑판 아래의 어둠에 대비하게 하도록 안대를 착용했다. 그런 방식으로, 그들은 그것을 벗고 어둠 속에서도 완벽하게 볼 수 있었다. *안대가 없었더라면, 그들은 배 안에서 빨리 움직일 수 없었을 것이다!

구문해설

2행 A pirate **might have had** to wear an eye patch **if** he or she **had lost** an eye in a fight.
▶ 가정법 과거완료, 과거 사실과 반대되는 상황을 가정함

3행 But there was another reason **for pirates** *to wear* eye patches.
▶ for pirates: to부정사의 의미상 주어
▶ to wear: another reason을 수식하는 형용사적 용법의 to부정사

4행 **If** pirates **had** to go below deck, their eyes **would need** time *to adjust* to the dark.
▶ 가정법 과거, 현재 사실과 반대되는 상황을 가정함
▶ to adjust: time을 수식하는 형용사적 용법의 to부정사

5행 And **if** they **were** in a hurry *because of* a fight with the enemy, they **couldn't waste** those few minutes.
▶ 가정법 과거, 현재 사실과 반대되는 상황을 가정함
▶ because of + 명사(구): … 때문에

7행 So pirates wore eye patches **to *keep*** *one eye ready* for the darkness below deck.
▶ to keep: 목적을 나타내는 부사적 용법의 to부정사
▶ keep + 목적어 + 목적격보어(형용사): …를 ~한 상태로 유지하다

9행 **If it had not been for** eye patches, they **couldn't have moved** quickly throughout the ship!
▶ 가정법 과거완료, 과거 사실과 반대되는 상황을 가정함. 조건절은 Without eye patches로 바꿔 쓸 수 있음

문제해설

1 ① 해적선의 비밀
② 전형적인 해적의 모습
③ 역사상 가장 사악한 해적
④ 해적들이 안대를 착용했던 이유
⑤ 카리브해 해적들의 삶
해적이 한쪽 눈을 검은색 안대로 가리고 있었던 이유를 설명하고 있는 글이다.

2 갑판 아래로 내려가면 어둠에 적응해야 한다고 했으므로 갑판 아래는 (B) '어두울' 것이고, 뒤 문장과 역접의 접속사 though로 연결되어 있으므로 갑판 위는 (A) '밝았을' 것임을 추론할 수 있다.

Chapter 5 중요구문

Unit 2 비교구문

A 원급 비교 pp. 98-99

Check-up

1. not as expensive as
2. twice as old as

B 비교급

Check-up

1. less heavy than
2. a lot earlier than
3. later than I expected

C 최상급

1. the funniest boy (that) I have ever met
2. stayed (the) longest

D 여러 가지 비교구문

Check-up

1. higher and higher
2. The smaller, the lighter
3. as important as your health

어휘 price[prais] 명 값, 가격; *물가

Sentence Writing with Grammar p. 100

1. This summer is as hot as last summer.
2. Seoul is four times as big as my hometown.
3. This café is less crowded than the department store.
4. Chloe is my closest friend.
5. She shouted as loudly as possible[she could].
6. Scientific technology is advancing more and more quickly.
7. The higher we climbed, the colder it became.
8. This room is cheaper than any other room

어휘 hometown[hóumtaun] 명 고향 crowded[kráudid] 형 붐비는, 복잡한 scientific technology 과학 기술

Basic Reading

p. 101

A 1. ③ 2. they will feel more and more comfortable

해석 당신의 반려동물에게 이사하는 것은 당신이 생각하는 것보다 더 어려울 수 있다. 모든 곳이 달라 보이고 다른 냄새가 난다. 그들이 새로운 집에 적응하는 것을 돕고 싶다면, 그들에게 시간을 주는 것이 가장 좋은 방법이다. 며칠 동안 그들을 한 방에 두어라. 그러고 나서 그들이 집 전체를 서서히 탐사하게 하라. 그리고 항상 그들에게 똑같은 장소에서 먹이를 주어라. 시간이 흐르면서 그들은 점점 더 편하게 느낄 것이다.

구문해설

1행 For your pets, **moving** can be *more difficult than you may think*.
▶ moving: 주어로 쓰인 동명사
▶ 비교급+than+절: …하는 것보다 더 ~한/하게

2행 If you want to **help them adjust** to a new home, *giving them time* is **the best** way.
▶ help+목적어+목적격보어(동사원형): …가 ~하도록 돕다
▶ giving them time: 주어로 쓰인 동명사구
▶ the+최상급: 가장 …한

4행 Then slowly **let them explore** the whole house.
▶ let+목적어+목적격보어(동사원형): …가 ~하게 하다

문제해설

1 반려동물이 이사 간 새집에 적응하도록 돕는 방법에 대해 설명하는 글이다.

2 '…하게 느끼다'는 「feel+형용사」로 나타낸다. '점점 더 …한'은 「비교급+and+비교급」 구문을 활용하는데, 형용사 comfortable과 같이 more가 붙는 비교급은 「more and more+형용사/부사」의 형태로 쓴다.

B 1. ④ 2. (A) harder (B) better

해석 독서는 당신의 영어를 향상할 수 있는 좋은 방법이다. 그러면 당신은 무엇을 읽어야 할까? 글이 어려우면 어려울수록 당신이 더 잘 배울 것이라고 흔히 믿어진다. 그러나 만약 그것이 당신의 수준보다 높다면, 당신은 그것을 이해하기 위해 엄청난 노력을 기울여야 한다. 대부분의 경우에, 당신은 독서에 흥미를 잃을 것이다. 그래서 전문가들은 더 낮은 수준으로 읽는 것을 추천한다. 이것이 당신이 흥미를 유지하게 하고, 당신이 더 많이 배우도록 도울 것이다!

구문해설

1행 Reading is a good way **to improve** your English.
▶ to improve: a good way를 수식하는 형용사적 용법의 to부정사

2행 **It** is commonly believed [**that** *the harder* the text is, *the better* you will learn].
▶ It은 가주어, that절이 진주어
▶ the+비교급 …, the+비교급 ~: …할수록 더 ~하다

3행 …, you have to make a great effort **to understand** it.
▶ to understand: 목적을 나타내는 부사적 용법의 to부정사

6행 It will **keep you interested**, *helping you learn more*!
▶ keep+목적어+목적격보어(형용사): …를 ~한 상태로 유지하다
▶ helping … more: 연속동작을 나타내는 분사구문 (= and help you learn more)

문제해설

1 ① …을 더 잘하다 ② …에 대해 잊다 ③ …에 희망을 품다 ④ …에 흥미를 잃다 ⑤ …와 연락하다
앞 문장에서 수준 높은 책을 이해하려면 큰 노력을 들여야 한다고 했고, 뒤에서는 낮은 수준의 책을 읽으면 계속 독서에 흥미를 가지게 할 것이라고 하는 것으로 보아 빈칸에는 독서에 흥미를 잃을 것이라는 내용이 들어가는 것이 적절하다.

2 문맥상 '글이 어려울수록 더 잘 배울 것이다'의 문장이 되어야 하므로, 「the+비교급, the+비교급」 구문을 써서 나타낸다.

Actual Reading

pp. 102-103

01 1. ② 2. as sensitive to light as possible
3. 해석의 별표(*)가 있는 문장 참고

해석 당신은 백과사전에서 초창기 인류의 조상을 봤을지도 모른다. 그들은 유인원과 매우 비슷해 보였지만 현대인들과는 아주 달랐다. 그렇다면, 먼 미래에 인간은 어떤 모습일까? Nickolay Lamm이라는 예술가와 Alan Kwan이라는 과학자가 미래 수천 년 후의 인간의 이미지를 만들어냈다. *그들에 따르면 미래인들의 머리는 현대인들의 머리보다 더 클 것이라고 한다. 우리는 더 큰 뇌와 이마를 진화시켜 왔으므로, 그것들은 계속해서 커질 것이다. *또한, 인간의 눈은 현재 눈보다 더 커질 것이다. *미래에 인간들은 어두운 우주를 여행할 기회가 훨씬 더 많아질 것이다. 그래서 그들은 가능한 한 빛에 민감한 큰 눈을 가지게 될 것이다. 하지만 이것들은 그저 예측일 뿐이다. 아무도 먼 미래에 인간이 어떻게 변할지를 확실히 알지 못한다. 오직 시간이 말해줄 것이다!

구문해설

1행 You **may have seen** early human ancestors in

the encyclopedia.

▶ may have v-ed: '…했을지도 모른다', 과거 일에 대한 추측

6행 **As** we *have been evolving* a larger brain and forehead, they will continue to grow.

▶ As: '… 때문에', 이유를 나타내는 접속사

▶ have been v-ing: 현재완료진행형

8행 …, humans will have **a lot** more chances *to travel* through dark universe.

▶ a lot: '훨씬 더', 비교급 강조

▶ to travel: a lot more chances를 수식하는 형용사적 용법의 to부정사

10행 Nobody knows **for sure** *how humans will change in the far future.*

▶ for sure: 확실히

▶ 의문사+주어+동사: 간접의문문

문제해설

1 예측에 따르면, 미래 인간의 머리와 눈은 더 커질 것이다.

미래 인간은 현재보다 더 큰 머리와 눈을 갖게 될 것으로 예측된다고 했다.

2 문맥상 '가능한 한 빛에 민감한'이 되어야 하므로, 「as+형용사의 원급+as possible」 어순으로 배열한다.

02 **1.** 1) 아침 비행편 타기 2) 앞쪽 좌석에 앉기 **2.** ④
3. 해석의 별표(*)가 있는 문장 참고

해석 안녕하십니까, 여행객 여러분! 저는 기장입니다. 가장 편안한 비행을 즐기고 싶으십니까? 제가 몇 가지 도움이 되는 조언들을 해 드릴 수 있습니다. 우선, 더 부드러운 비행을 원하시면, 오전 비행편을 예약하십시오. 오전에 대기가 더 잔잔하기 때문에 오후 비행보다는 오전 비행이 보통 더 부드럽습니다. *또한, 오후에 대기가 따뜻해질수록, 뇌우를 일으킬 가능성이 더 큽니다. *그 다음으로, 시원하게 있으면서 가장 신선한 공기를 마시고 싶다면, 가능한 한 앞쪽 가까이에 앉으십시오. 모든 비행기에서 공기는 앞쪽에서 뒤쪽으로 흐릅니다. 그래서 뒤쪽 좌석은 어느 다른 좌석보다 더 따뜻합니다. 저는 이 조언들이 당신의 여행 경험을 즐겁게 만들기를 바랍니다. *다음 번에는, 더 쾌적하고 덜 지치는 비행을 할 수 있을 것입니다!

구문해설

1행 **Would** you **like to enjoy** *the most comfortable* flight?

▶ would like to-v: …하고 싶다

▶ the+최상급: 가장 …한

4행 Also, **the warmer** the air becomes in the afternoon, **the more likely** it is to cause thunderstorms.

▶ the+비교급…, the+비교급~: …할수록 더 ~하다

6행 …, sit **as close** to the front **as you can**.

▶ as+원급+as one can: 가능한 한 …하게(= as+원급+as possible)

문제해설

1 더 안정적인 비행을 하고 싶으면 아침 비행편은 탈 것을, 시원하고 상쾌하게 있으려면 앞쪽 좌석에 앉을 것을 조언하고 있다.

2 ① 어떤 좌석도 뒤쪽의 좌석들만큼 따뜻하지는 않다
② 뒤쪽의 좌석들이 모든 좌석 중에서 가장 따뜻하다
③ 어떤 좌석도 뒤쪽의 좌석들보다 더 따뜻하지 않다
④ 뒤쪽의 좌석들이 다른 좌석들만큼 따뜻하다
⑤ 다른 좌석들은 뒤쪽의 좌석들보다 더 시원하다
(B)의 「비교급+than any other+단수명사」는 최상급의 의미를 나타내는 구문으로, '뒤쪽의 좌석들이 가장 따뜻하다'는 의미이다.

Chapter 5 중요구문

Unit 3 일치, 화법, 특수구문

A 시제의 일치

pp. 104-105

Check-up

1. graduated
2. don't
3. died

1. 나는 John이 작년에 하버드를 졸업했다고 생각했다.
2. 선생님은 기름과 물은 섞이지 않는다고 말씀하셨다.
3. 나는 아인슈타인이 1955년에 죽은 것을 몰랐다.

어휘 graduate[grǽdʒueit] ⑧ 졸업하다 mix[miks] ⑧ 섞다; *섞이다

B 화법전환

Check-up

1. Linda told me (that) she liked my hair.
2. Fred asked her if[whether] she had a boyfriend.
3. He ordered his soldiers to stand at attention.

1. Linda는 내게 "나는 네 머리 모양이 마음에 들어."라고 말했다. → Linda는 내게 내 머리 모양이 마음에 든다고 말했다.
2. Fred는 그녀에게 "너는 남자친구가 있니?"라고 말했다. → Fred는 그녀에게 남자친구가 있는지를 물었다.
3. 그는 그의 병사들에게 "차렷 자세로 서."라고 말했다. → 그는 그의 병사들에게 차렷 자세로 서라고 명령했다.

어휘 stand at attention 차렷 자세로 서다

C 특수구문

Check-up

1. It was yesterday that Dean came back.
2. On the chair was a big box.
3. Seldom does Ashley wake up early.

1. Dean은 어제 돌아왔다. → Dean이 돌아온 것은 어제였다.
2. 큰 상자가 의자 위에 있다.
3. Ashely는 일찍 일어나는 일이 거의 없다.

Sentence Writing with Grammar p. 106

1. he returned[had returned] to Seattle
2. We learned (that) everything falls to the ground
3. Peter asked Wendy if she would go with him.
4. The doctor advised me to get enough sleep.
5. It was Jeff that I met in the theater
6. does she sleep in class
7. Not every student agrees with his opinion.
8. Neither did Eddie.

어휘 return[ritə́ːrn] ⓢ 돌아오다 advise[ədváiz] ⓢ 충고하다 agree[əgríː] ⓢ 동의하다 opinion[əpínjən] ⓜ 의견, 견해

Basic Reading p. 107

A 1. ⑤ 2. It was your advertisement that gave me the idea.

해석 일자리를 얻고 나서 몇 주가 지나고, 한 젊은이가 상사의 사무실로 호출되었다. 상사는 "면접에서, 당신은 우리에게 5년의 경력이 있다고 말했어요. 하지만 사실 이곳이 당신의 첫 직장이군요. 어떻게 된 건지 설명해주시겠어요?"라고 말했다. 젊은이는 상사에게 그가 설명해줄 수 있다고 말했다. "당신의 광고가 저에게 아이디어를 주었어요. 그것에는 당신이 상상력을 가진 사람을 원한다고 쓰여있었어요!"

구문해설

1행 Some weeks after **getting a job**, a young man *was called into* his boss's office.
▶ getting a job: 전치사의 목적어로 쓰인 동명사구
▶ was called into: 동사구(call into)의 수동태

2행 ..., you **told us that you had five years of experience**.
▶ 평서문의 간접화법(= you said to us, "I have ....")

3행 But actually this is the first job [**(that) you *have*** ever ***had***].
▶ you ... had: the first job을 선행사로 하는 목적격 관계대명사절로, 앞에 관계대명사 that이 생략되어 있음
▶ have v-ed: 현재완료, 이 문장에서는 경험을 나타냄

6행 It **said** you **wanted** somebody with imagination!
▶ 주절의 시제가 과거이므로 종속절의 시제도 과거로 씀

문제해설

1 ① 차분한 ② 무서운 ③ 우울한 ④ 낭만적인 ⑤ 익살스러운
상상력을 가진 사람을 뽑는다는 광고를 보고, 5년의 경력이 있다고 상상해서 지원했다는 직원의 이야기를 담은 익살스러운 내용의 글이다.

2 과거 시제의 문장이므로 It was를 쓰고, 강조하고자 하는 말을 It was와 that 사이에 둔다.

B 1. ④ 2. if[whether] he could help her daughter stop

해석 어느 날, 한 어머니가 자신의 딸과 함께 간디를 찾아왔다. 그녀는 딸이 사탕을 너무 많이 먹는다고 걱정했다. 그녀는 그에게 "제 딸이 그만 먹도록 도와줄 수 있으세요?"라고 말했다. 간디는 그들에게 3주 후에 다시 오라고 했다. 그들이 돌아왔을 때, 그는 그 딸에게 사탕의 해로운 영향에 대해 말했고, 그녀는 그것을 먹는 것을 그만두어야 한다고 강하게 제안했다. 그 어머니는 그에게 왜 그가 전에 이 말을 하지 않았는지 물어보았다. 그는 "제가 그때는 사탕을 너무 많이 좋아했거든요."라고 대답했다.

구문해설

3행 Gandhi **told them to come back in three weeks**.
▶ 명령문의 간접화법(= Gandhi told them, "Come back in three weeks.")

5행 ... and strongly **suggested** that she (should) ***stop** eating* it.
▶ 제안을 나타내는 동사(suggest)의 목적절에 오는 동사는 「(should)+동사원형」의 형태로 씀
▶ stop v-ing: …하는 것을 멈추다

6행 The mother **asked him why he hadn't said this before**.
▶ 의문사 의문문의 간접화법(= The mother asked him, "Why didn't you say this before?")

7행 ..., **"Too much did I love candy then."**
▶ 부사구(Too much)가 문장의 맨 앞에 나와 「do동사+주어+동사원형」의 순으로 도치됨

문제해설

1 모녀가 찾아왔을 때 사탕을 무척 좋아했던 간디는 3주간 스스로 사탕을 끊은 후 아이에게 사탕을 먹지 말라는 조언을 해줄 수 있었다.

2 의문사가 없는 의문문이므로 「ask+사람+if[whether]+주어+동사」 구문으로 전환해야 한다. 전환 시, 시제는 시제 일치의 원칙에 따라, 대명사는 말하는 사람(She) 입장에 맞게 바꿔 주어야 한다.

Actual Reading

pp. 108-109

01 1. ④ 2. was there any broken glass in the video 3. 해석의 별표(*)가 있는 문장 참고

해석 *당신이 기억하는 것과 당신이 실제로 본 것이 항상 똑같은 것은 아니다. 사실, 당신의 기억은 사건을 묘사하는 데 사용된 단어에 의해 영향을 받을 수 있다. 한 실험에서 자동차 사고의 영상이 각기 다른 그룹의 사람들에게 보여졌다. *그런 다음 연구자들은 각각의 그룹에게 그 차들이 얼마나 빨리 달리고 있었는지를 물어보았다. 하지만, 연구자들은 각 그룹에게 '들이받았다', '충돌했다', '부딪쳤다' 그리고 '접촉했다'와 같은 각기 다른 단어를 사용했다. 그 결과는 꽤 흥미로웠다. '충돌했다'라는 단어로 질문을 받은 사람들은 '접촉했다'라는 단어로 질문을 받은 사람들보다 시속 10마일 더 빠르게 추측했다. 그 다음 주에, 연구자들은 한 가지 실험을 더 했다. *그들은 그 사람들에게 깨진 유리를 보았는지 물어보았다. 더 강한 단어로 질문을 받은 사람들은 일부를 보았다고 기억했다. 흥미롭게도, 영상에서 깨진 유리는 없었다!

구문해설

1행 **What** you remember and **what** you actually saw are *not always* the same.
▶ What: 선행사를 포함한 관계대명사
▶ not always: '항상 …한 것은 아니다', 부분부정

2행 …, your memory can be influenced by the words [**that** *are used to describe* an event].
▶ that: the words를 선행사로 하는 주격 관계대명사
▶ be used to-v: …하는 데 사용되다

7행 People [**asked with the word "smashed"**] guessed 10 mph faster than people [**asked with "contacted."**]
▶ asked ... "smashed", asked ... "contacted": 각각 앞의 people을 수식하는 과거분사구

10행 They **asked the people if they had seen any broken glass**.
▶ 의문사가 없는 의문문의 간접화법(= They asked the people, "Have you seen any broken glass?")

10행 The people [**asked with stronger words**] *remembered seeing* some.
▶ asked ... words: The people을 수식하는 과거분사구
▶ remember v-ing: …한 것을 기억하다

문제해설

1 ① 연구자들의 재미있는 속임수
② 사람들이 거짓말을 하게 만드는 것
③ 안전 운전의 중요성
④ 어휘가 기억력에 어떻게 영향을 미치는가
⑤ 비극적인 차 사고를 예방하는 법
사람의 기억이 사용되는 어휘에 영향을 받을 수 있다는 것이 실험을 통해 밝혀졌다는 내용의 글이다.

2 부정부사(never)가 문장의 맨 앞에 오면 주어와 동사가 도치되는데, 「there+be동사」 구문에서는 there가 사실상 주어 역할을 하므로, was there로 써야 한다.

02 1. ⑤ 2. none of us are afraid of eating 3. 해석의 별표(*)가 있는 문장 참고

해석 당신은 토마토가 한 때 '독사과'라는 별명을 갖고 있었다는 것을 알고 있었는가? 요즘에는, 우리 중 아무도 토마토를 먹는 것을 두려워하지 않는다. *하지만 1700년대에, 많은 유럽 사람들, 특히 상류층 사람들은 토마토를 정말 두려워했다. 그것은 일부 사람들이 토마토로 만든 음식을 먹고 병들어 죽었기 때문이다. *하지만 위험한 것은 토마토가 아니었다. 그 문제를 일으킨 것은 바로 접시였다. 그 당시에, 대부분의 부유한 사람들의 접시는 주석과 납을 섞어서 만들어졌다. 토마토는 산성이 강해서 그 접시에서 많은 납을 취했다. 그래서 그 토마토를 먹고 죽은 사람들은 사실상 납중독으로 죽었다. 과학이 그 진실을 밝힐 때까지 사람들은 접시와 독 사이의 그 관련성을 알지 못했다. 이러한 오해 때문에 토마토는 200년 이상 유럽에서 좀처럼 먹히지 않았다!

구문해설

3행 …, especially those in the upper class, **did** fear tomatoes.
▶ 동사 fear를 강조하는 do동사

4행 … some people got sick and died after eating food [**made with tomatoes**].
▶ made with tomatoes: food를 수식하는 과거분사구

4행 But **it wasn't** the tomatoes **that** were dangerous.
▶ the tomatoes를 강조하는 「it was ... that」 강조구문

8행 So **people** [*who* died after eating those tomatoes] actually **died** from lead poisoning.
▶ people이 주어, died가 동사
▶ who ... tomatoes: people을 수식하는 주격 관계대명사절

10행 …, tomatoes were **hardly** eaten in Europe for more than 200 years!
▶ hardly: 좀처럼 … 않다

문제해설

1 ① 토마토는 익히지 않은 채 먹어서는 안 된다.
② 토마토는 빨간 사과만큼 맛있지 않다.
③ 상류층 사람들만이 토마토를 먹을 수 있다.
④ 토마토와 독 사이에는 상관관계가 없다.
⑤ 토마토로 만든 음식은 그 안에 치명적인 독이 있다.
사람들이 토마토로 만든 음식을 먹고 죽었기 때문에 토마토로 만든 음식은 독이 있다는 오해를 받았다.

2 '아무도 …하지 않다'는 의미의 전체부정은 none을 사용하여 나타낼 수 있다. 문장의 주어로 「none of+복수명사」가 올 때 동사는 복수형으로 쓰며, eat은 be afraid

of 뒤에서 전치사의 목적어로 쓰이므로 eating이 되어야 한다.

Word Review

p. 110

1. 알아보다, 알다 **2.** 바깥쪽의 **3.** (거울 등에 비친) 상, 모습 **4.** 움직이다; 이사하다 **5.** 행성 **6.** 심다 **7.** …을 향하다 **8.** 믿음, 생각 **9.** (…쪽으로) 기울이다, 경사지게 하다 **10.** 흔들리다 **11.** 해적 **12.** …에 적응하다 **13.** 서둘러 **14.** 탐험하다, 탐사하다 **15.** 흔히, 보통 **16.** 노력하다 **17.** 백과사전 **18.** 유인원 **19.** 진화하다 **20.** 이마 **21.** 계속되다, 계속하다 **22.** 예측 **23.** 매끄러운, 부드러운 **24.** 침착한; 잔잔한 **25.** 야기하다, 초래하다 **26.** 즐거운 **27.** 졸업하다 **28.** 면접 **29.** 광고 **30.** 상상력 **31.** 해로운 **32.** 영향을 주다 **33.** 사고 **34.** 충돌하다 **35.** 접촉하다 **36.** …을 수행하다 **37.** 막다, 예방하다 **38.** 별명 **39.** 접시 **40.** 관련성

memo

memo

열여섯 시간에 완성하는 중학 영어 단기 특강

열중 16강

독해+문법 LEVEL 3